VENTE DU LUNDI 3 AU MERCREDI 5 FÉVRIER 1908
9, RUE DROUOT, 9
Par le Ministère de M. F. LAIR DUBREUIL, commissaire-priseur

CATALOGUE
DE LA
BIBLIOTHÈQUE
DE
FEU M. LE COMTE A*** W***

DEUXIÈME PARTIE

LIVRES ANCIENS, MANUSCRITS ET IMPRIMÉS
LIVRES ILLUSTRÉS DU XVIII SIÈCLE

PARIS
LIBRAIRIE HENRI LECLERC
219, RUE SAINT-HONORÉ, 219
ET 16, RUE D'ALGER
1908

BIBLIOTHÈQUE DE M. LE COMTE A*** W***

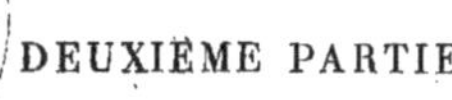

DEUXIÈME PARTIE

LIVRES ANCIENS

MANUSCRITS ET IMPRIMÉS

LA VENTE AURA LIEU

Les Lundi 3, Mardi 4 et Mercredi 5 Février 1908

A 2 heures précises

HOTEL DES COMMISSAIRES-PRISEURS, 9, RUE DROUOT

Salle N° 7

Par le ministère de Me **F. LAIR DUBREUIL**, commissaire-priseur

6, RUE FAVART, 6

Assisté de **M. HENRI LECLERC**, libraire

219, RUE SAINT-HONORÉ, 219

ET 16, RUE D'ALGER

VOIR L'ORDRE DES VACATIONS A LA FIN DU CATALOGUE

CONDITIONS DE LA VENTE

La vente se fait au comptant.

Les acquéreurs paieront 10 pour 100 en sus des enchères.

Les livres vendus devront être collationnés dans les vingt-quatre heures de l'adjudication. Passé ce délai, ils ne seront repris pour aucune cause.

M. Leclerc se réserve la faculté, dans l'intérêt de la vente, de réunir ou de diviser les numéros du catalogue. Il remplira les commissions qu'on voudra bien lui confier.

Les livres, composant ce catalogue, pourront être examinés à la LIBRAIRIE HENRI LECLERC, 219, rue Saint-Honoré, du lundi 20 au jeudi 30 janvier, de 2 heures à 6 heures.

CATALOGUE

DE LA

BIBLIOTHÈQUE

DE

FEU M. LE COMTE A*** W***

DEUXIÈME PARTIE

LIVRES ANCIENS, MANUSCRITS ET IMPRIMÉS
LIVRES ILLUSTRÉS DU XVIIIe SIÈCLE

PARIS
LIBRAIRIE HENRI LECLERC
219, RUE SAINT-HONORÉ, 219
ET 16, RUE D'ALGER

1908

CATALOGUE
DE
LIVRES ANCIENS

THEOLOGIE
ET
HISTOIRE DES RELIGIONS

1. NOVUM TESTAMENTUM (graece), cum versione latina Ariae Montani, in quo tum selecti versiculi 1900, quibus omnes Novi Testam. voces continentur, astericis notantur; tum omnes et singulae voces, semel vel saepius occurentes, peculiari nota distinguuntur, auctore Johanne Leusden, professore. *Amstelaedami, apud J. Wetstenium* et *G. Smith,* 1741, in-12 à 2 col., frontispice gravé, mar. rouge, fil., dos orné, dent. int., tr. dor. (*Rel. anc.*).

Exemplaire relié par Derome.

2. HEURES. Les p̃sentes heures à l'usaige de Amiẽs; tout || au lõg sans req̃re *ont este faictes pour Simõ vo* || *stre Libraire : demourant à Paris a la rue neuve* || *Nostre Dame a l'ẽseigne sainct Jehan leuangeliste* || (marque et nom de Philippe Pigouchet sur le titre;

au verso almanach pour xx ans, 1502-1520), in-8 goth. de 138 ff., mar. La Vall., jans., tr. dor. (*Thibaron-Joly*).

Ces heures, à l'usage d'Amiens, sont ornées de 20 grandes figures et de 30 petites, toutes enluminées avec soin. Encadrements à chaque page dont les sujets sont tirés de l'histoire de la Bible, des histoires de Joseph et de Suzanne, ou représentent les Sybilles, les vertus théologales et une Danse des Morts en 66 sujets, sur fond criblé. Cette danse des morts, dont la série est répétée plusieurs fois, occupe 70 bordures à trois figures par bordure.

Exemplaire IMPRIMÉ SUR VÉLIN.

3. HORE intemerate dei genitricis Virginis Ma || rie secūdum usum Romanum | totaliter ad lon || gum | q̄ plurimis sanctorum sanctarumq; deuo || tissimis his adiūctis orationibus ; suffragiis || (à la fin) : *Les présentes heures à l'usaige de Romme fu || rēt acheuées le* xx *iour de Jāuier l'an mil cinq || cens et* vii *(1507). Par Thielman Keruer imprimeur et || libraire jure de l'Université de Paris | demourant || en la rue Saint Jacques a l'enseigne du Gril* || , gr. in-8, goth. de 100 ff., mar. brun, jans., dent. int., gardes de vélin, tr. dor. (*Cuzin*).

Ce livre d'heures, IMPRIMÉ SUR VÉLIN, renferme 20 grandes figures et 41 petites, elles sont finement enluminées. Toutes les pages sont ornées de jolis encadrements.

4. HEURES a lusaige de Rome tout || au long sans riēs requerir. Auec les || figures de la vie de l'homme : et la de || struction de Hierusalem. : (Au recto du dernier feuillet) : *Ces présentes heures a lusaige de Rome || ont esté imprimées à Paris par Gillet Har || douyn demourant au bout du Pont Nr̄e Dame || deuāt Sainct Denis de la Chartre : a l'enseigne || de la rose dor. Et on les vent audit lieu* || (Almanach pour xvi ans, 1514-1529) gr. in-8 goth. de 88 ff. signés A-L, par 8, mar. rouge, fil., large dent. à petits fers, dos orné, fil. et dent. int. tr. dor., doublé et gardes de vélin (*Belz-Niédrée*).

Édition ornée de 22 grandes planches y compris l'homme anatomique. Plusieurs de ces planches sont de la grandeur des pages.

Grande marque de Gillet Hardouyn sur le titre (enlèvement de Déjanire) et une autre marque du même libraire se trouve au verso du dernier feuillet. Les marges sont ornées de larges bordures et de petites figures gra-

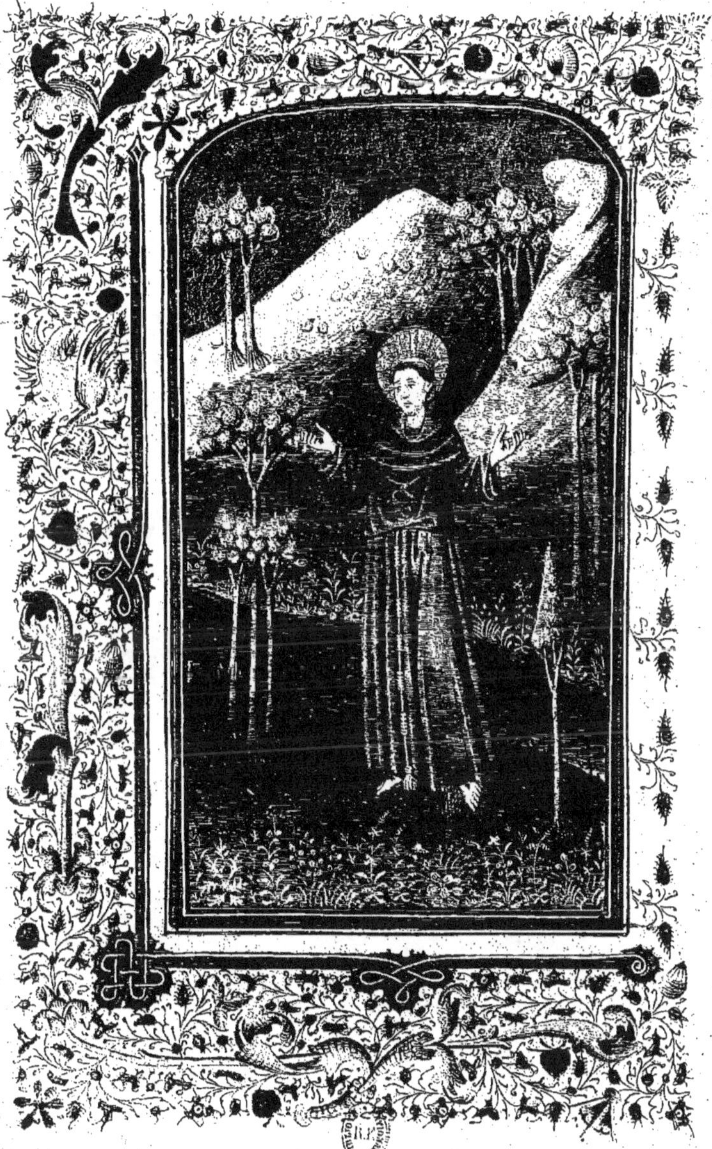

N° 6. — Horæ.

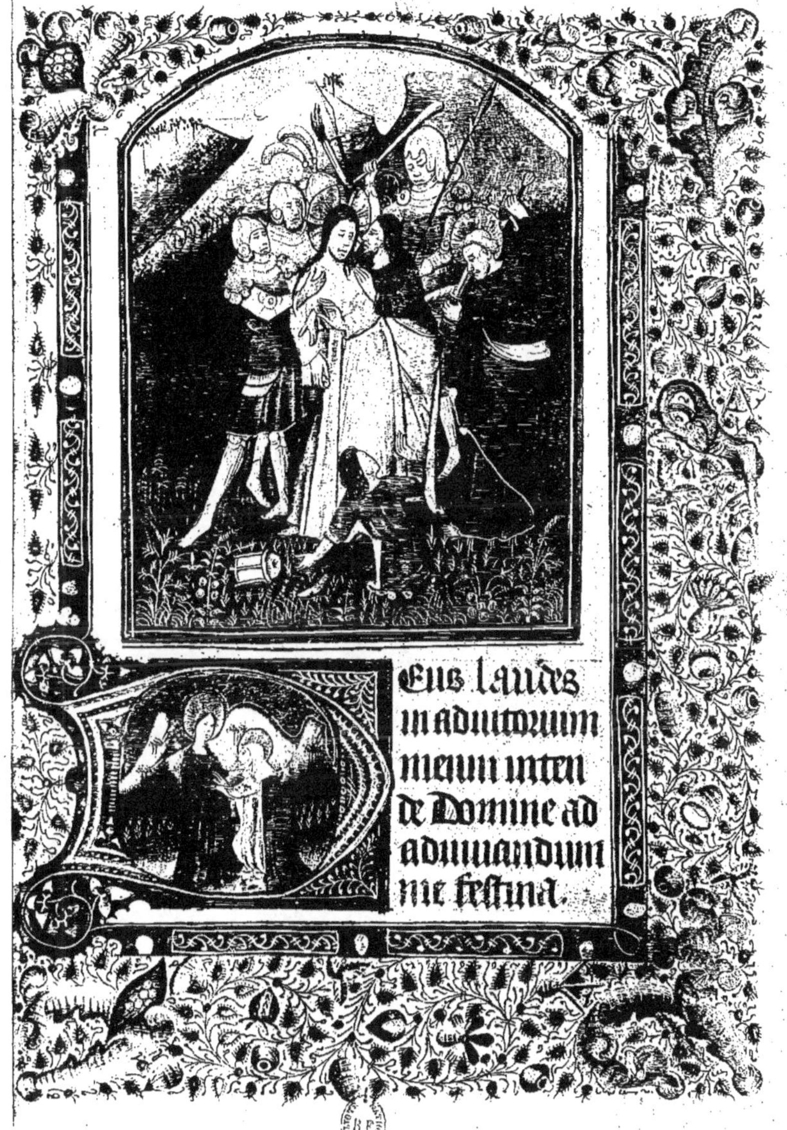
Eus laudes
in adiutorium
meum inten
de Domine ad
adiuvandum
me festina.

N° 6. — Horæ.

vées sur bois avec légendes en français, sujets tirés de l'Écriture sainte, danse des morts, etc.

Exemplaire IMPRIMÉ SUR VÉLIN, non colorié, et très grand de marges (haut. 0^{m},231). Toutes les initiales sont peintes en or, rouge et bleu.

Brunet indique, pour cette édition, un cahier signé M qui ne se trouve pas dans notre exemplaire. Ces 8 feuillets contiennent les *Sept psaulmes en français* et une *Oraison très dévote à Nostre Dame*.

5. HEURES. Les présentes heures à lusaige de Rome toutes || au long sans reqrir ; auec les figures ȝ signes de lapo || calipse : la vie de Thobie ȝ de iudic || les accidēs de Lhō || me | le triumphe de Cesar | les miracles Nostre Dame : || *ont esté faictes a Paris pour Simō Vostre libraire* || *demourāt en la rue Neufue a l'ēseigne S. iehā leuāgel.* || (marque de Simon Vostre sur le titre ; au verso almanach pour XVII ans, de 1514-1530), in-8 goth. de 140 ff., mar. rouge, comp. de fil., fleurons aux angles, dos orné, tr. dor. (*Rel. anc.*).

Bel exemplaire IMPRIMÉ SUR VÉLIN et non colorié, il est d'une conservation parfaite dans une reliure du dix-septième siècle très fraîche.

Ces heures renferment 20 grandes figures y compris l'*homme anatomique*, appartenant à différentes séries publiées par Simon Vostre. Parmi ces figures, 7 qui portent différents monogrammes (NV (?), G, GF), sont dessinées dans le goût des maîtres allemands, elles représentent le *Supplice de saint Jean*, la *Visitation*, la *Crucifixion*, la *Nativité*, l'*Annonciation aux bergers*, l'*Adoration des Rois Mages*, et la *Circoncision*.

Toutes les pages sont ornées d'encadrements dont les figures représentent les Histoires de Joseph, de Tobie et de Judith, les Sybilles, l'Apocalypse, le Triomphe de César, deux séries de figures pour la Danse des Morts dont celle en 66 sujets, les Miracles de Notre-Dame, etc.

A la fin du volume se trouvent 8 feuillets manuscrits du commencement du XVIe siècle contenant diverses prières : « Sequuntur quindecim orationes de passione Domini revelate Sancte Brigide, regine Suecie... » Dans la lettre initiale de la première de ces prières sont peintes les armes suivantes : *d'or au chevron d'azur, accompagné, en chef, de deux bandes du même.*

6. **HORÆ.** In-4 de 108 feuillets, mar. rouge, compart de fil. et dent., tr. dor. (*Rel. anc.*).

Très beau manuscrit sur vélin du commencement du XVe siècle, avec de grandes marges décorées, presque toutes de rinceaux de fleurs et de fruits et de figures grotesques ; il est orné de 17 grandes miniatures et de 8 petites, d'une bonne exécution. Les grandes miniatures représentent S. Jean (fol. 7), S. Luc (fol. 9), S. Mathieu (fol. 11), S. Marc (fol. 13), Jésus en croix (fol. 16), la Pentecôte (fol. 22), Jésus au Jardin des Oliviers (fol. 27), le Baiser de Judas (fol. 35), Jésus devant Caïphe (fol. 44), la Flagellation (fol. 48), Jésus portant sa croix (fol. 52), Jésus en croix (fol. 56), Jésus descendu de la croix (fol. 60), Jésus mis au tombeau (fol. 66), S. Nicolas (fol. 73v°), S. François d'Assise (fol. 75), et la Résurrection dernière (fol. 79v°). Les petites miniatures sont toutes peintes dans des lettres ornées et sur les mêmes pages que quelques-unes des précédentes : Annonciation (fol. 27), Visitation (fol. 35), Nativité de J.-C. (fol. 44), Annonciation aux Bergers (fol. 48), Adoration des Mages (fol. 52), Circoncision (fol. 56), Massacre des Innocents (fol. 60) et Fuite en Égypte (fol. 66). Le calendrier est en français et ne contient que peu de noms de saints ; aussi n'a-t-il pas été possible de déterminer, avec certitude, le diocèse pour lequel il a été fait. Parmi les prières qu'on trouve dans le volume, plusieurs sont également en français : « Les XV goies Nostre Dame » (fol. 93), « Les VII requestes de Nostre Seigneur » (fol. 97), etc.

Ce manuscrit est incomplet de quelques feuillets qui manquaient déjà lorsqu'il a été relié au dix-septième siècle.

7. HORÆ. Petit in-8 de 156 feuillets, mar. rouge, fil. et fleurons, tr. dor. (*Rel. anc.*).

Heures de la fin du XVe siècle ou des premières années du XVIe siècle, écrites sur parchemin et ornées de 18 miniatures grandes ou petites, sans compter celles qui, au bas de chaque feuillet du calendrier, représentent les signes du Zodiaque et les travaux des mois. Toutes les pages sont, en outre, décorées de bordures assez bien conservées. Le calendrier est en français et écrit alternativement en noir, rouge et bleu. Ce manuscrit a appartenu, au XVIIe siècle, à un certain « Beauvois », dont on lit le nom au bas du fol. 156.

8. HORÆ. In-8 de 85 feuillets, ais en bois recouverts de veau, orné de fers à froid. (*Rel. du XVIe siècle*).

Intéressant livre d'heures sur parchemin de l'extrême fin du XVe siècle. Il n'a pas de miniatures mais il est orné d'un nombre considérable de lettres initiales peintes en or ou en couleurs, sur fond rouge ou bleu. Il a été composé pour la famille champenoise d'Argillières, dont les armes se trouvent dans le D de *Domine* de la première prière (fol. 8) : *d'or à la fasce de gueules accompagnée de 3 trèfles du même posés 2 et 1*. Cette provenance est, en outre, établie par de très nombreuses notes généalogiques écrites, au commencement et à la fin, sur des feuillets de garde, au nombre de 15.

La plus ancienne de ces notes est de 1496 et paraît contemporaine de la composition du manuscrit ; elle est relative au mariage de Jean d'Argillières et de Louise de La Brethonnière, le dimanche 17 avril 1496. Le présent livre

N° 11. — Office de la Vierge.

d'heures est donc, en même temps, un curieux livre de famille. Il passa, en 1704, dans la famille Depinot, par le mariage de Louise d'Argillières et de Georges Depinot. La date de 1723 est la plus récente qui s'y trouve consignée. Sur ces mêmes feuillets de garde a été, en outre, transcrite au XVIe siècle une pièce de vers sur la Passion : « Horloge de la Passion N. S. contenant vingt-quatre heures :

« Ceste horloge est de la Passion... »

9. HORÆ. In-8 de 96 feuillets, veau marb. (*Rel. anc.*).

Joli livre d'heures sur parchemin du commencement du XVIe siècle, orné de 8 grandes miniatures d'une bonne exécution : S. Jean (fol. 13), Annonciation (fol. 22), Nativité (fol. 35), Adoration des Mages (fol. 41), Calvaire (fol. 54), Pentecôte (fol. 57), Roi David (fol. 60) et Vêpres des Morts (fol. 72), et, à toutes les pages, de belles bordures composées de rinceaux de fleurs, de feuilles et de fruits, qui se détachent souvent sur un fond d'or. Le calendrier, qui occupe les 12 premiers feuillets, est en français ; il est écrit en lettres rouges et bleues.

Armoiries sur les plats de la reliure.

10. PONTIFICALE juxta ritum romanum ad usum PP. Minorum domus S[ti] Rochi prope Tolosam, anno 1763, pet. in-fol., mar. rouge, large dent. à petits fers, milieux ornés de médaillons portant le mot « charitas » entouré de flammes, dos orné, dent. int., tr. dor. (*Rel. anc.*).

Manuscrit sur papier de 162 pages à 2 col., écrit en rouge et noir.

Le titre est orné d'un grand encadrement à l'aquarelle.

11. OFFICE DE LA VIERGE MARIE (L') pour tous les temps de l'année. Reveu et corrigé de nouveau selon le sainct concile de Trante. Avec toutes les prières du jour et de la nuict, composées par le R. P. Coton, de la Compagnie de Jésus. Enrichy de figures de nouvelle invention. Dediées à la Royne. *Paris, Pierre Rocolet*, 1635, 2 parties en 1 vol. in-8, réglé, mar. rouge, comp. de mar. vert et citron, remplis de petits fers au pointillé, comp. de filets droits et courbes, tr. ciselées et peintes, fermoirs dont un manque. (*Rel. anc.*).

Très riche reliure de Le Gascon portant au milieu et aux angles des plats un chiffre composé des lettres M. L. T qui est celui de M. Le Tenneur dont les armoiries sont peintes sur le frontispice.

Ce volume contient un titre et 24 figures gravés en taille-douce et finement enluminés ; le calendrier renferme des éphémérides intéressantes sur l'histoire de France, principalement sur le règne de Henri IV.

12. PETIT OFFICE DE LA PROVIDENCE pour tous les jours de la semaine avec les litanies. Manuscrit in-16, mar. rouge, large dent. XVIIIe siècle à petits fers, dos orné, dent. int., tr. dor. (*A. Bertrand*).

Joli petit manuscrit de 62 pages écrit sur papier en caractères italiques d'une grande netteté, avec titres en or, bleu et rouge. Chaque page est encadrée d'un double filet rouge. Le titre, écrit en lettres d'or, bleues et rouges, est entouré d'un encadrement dessiné à la plume en encre rouge renfermant les armes de MADAME SOPHIE, fille de Louis XV ; 17 fleurons et culs-de-lampe, également dessinés à l'encre rouge, ornent encore ce petit manuscrit. Le premier fleuron renferme une grande lettre S et un des culs-de-lampe contient un chiffre composé de toutes les lettres formant le nom SOPHIE. Un autre fleuron renferme le chiffre de Louis XV.

13. OFFICE (l') DE LA SEMAINE SAINTE à l'usage de la Maison du Roy. Conformement aux breviaires et messels romain et parisien. En latin et en françois. Par Monsieur l'abbé de Bellegarde. *Paris, J. Collombat*, 1741, gr. in-8, mar. rouge, dent., plats entièrement couverts de comp. de fil. et de fers au pointillé, dent. int., tr. dor. (*Rel. anc.*).

Exemplaire aux armes de LOUIS XV.

14. OFFICE (l') DE LA SEMAINE SAINTE à l'usage de la Maison du Roy. *Paris, de l'Imp. de Jacques Collombat*, 1743, in-8, figures, mar. rouge, plats entièrement couverts de compart. de filets et de petits fers, dos orné, dent. int., tr. dor. (*Rel. anc.*).

Aux armes et au chiffre de LOUIS XV.

15. OFFICE DE LA QUINZAINE DE PASQUES imprimé par permission de Mgr A. E. L. Leclerc de Juigné, archevêque de Paris. *A Paris, chez Cl. Simon*, 1788, pet. in-12, mar. rouge, large dent. à petits fers, tr. dor. (*Rel. anc.*).

Aux armes de Mgr LE CLERC DE JUIGNÉ.

16. MOREAU. Les saintes prières de l'âme chrestienne, escrites et gravées d'après le naturel de la plume par P. Moreau, Me Escri-

nain Juré. *A Paris, se vendent chez le dict Moreau,* 1632, in-16, fig. et encadrem. mar. rouge, fil., tr. dor. (*Rel. anc.*).

Volume entièrement gravé.

17. PASCAL (Blaise). Les Provinciales, ou les lettres écrites par Louis de Montalte à un provincial de ses amis et aux RR. PP. Jésuites. Nouvelle édition, plus exacte et plus correcte qu'aucune des précédentes. *Cologne, Henry Schouten,* 1738, pet. in-8, mar. brun, fil., dos orné, dent. int., tr. dor. (*A. Bertrand*).

18. BOSSUET (J. B.). Histoire des variations des églises protestantes. *Paris, chez la Vve de Sébastien Mabre-Cramoisy,* 1688, 2 vol. in-4, mar. brun, jans., dent. int., tr. dor. (*Allô*).

Bel exemplaire de l'ÉDITION ORIGINALE.

19. BOSSUET (J.-B.). Exposition de la doctrine de l'Église catholique, sur les matières de controverse. *Paris, Sébastien Mabre-Cramoisy,* 1671, in-12, mar. bleu, jans., dent. int., tr. dor. (*David*).

Édition contenant 4 ff. prélim. et 189 pages.

20. BOSSUET (J.-B.). Traité de la Communion sous les deux espèces. *Paris, Sébastien Mabre-Cramoisy,* 1682, pet. in-12, mar. brun, jans., dent. int., tr. dor. (*Allô*).

ÉDITION ORIGINALE.

21. BOSSUET (J. B.). L'Apocalypse, avec une explication. *A Paris, Vve Sébastien Mabre-Cramoisy,* 1689, in-8, mar. brun, jans., fil., dent. int., tr. dor. (*Allô*).

ÉDITION ORIGINALE.

22. BOSSUET (J.-B.). Divers écrits, ou Mémoires sur le livre intitulé : Explication des Maximes des Saints, etc. *A Paris, chez Jean Anisson,* 1698, in-8, mar. brun à longs grains, encad. de 6 fil., dos orné, dent. int., tr. dor.

ÉDITION ORIGINALE.

23. BOSSUET (J. B.). Politique tirée des propres paroles de l'Écriture sainte. Ouvrage posthume de Jacques Bénigne Bos-

suet. *Paris, chez Pierre Cot,* 1709, in-4, portr. mar. brun, jans., dent. int., tr. dor. (*Allô*).

Édition originale. Portrait de Bossuet gravé par *Edelinck* d'après *Rigault*.

24. BOSSUET (J.-B.). Traité de l'Amour de Dieu, nécessaire dans le Sacrement de Pénitence, suivant la doctrine du Concile de Trente, ouvrage posthume composé en latin, donné avec la traduction françoise. *A Paris, chez Barthélemy Alix,* 1736, in-12, mar. brun, jans., dent. int., tr. dor. (*Allô*).

Édition originale.

25. LIVRE DE LA FEMME FORTE (Le) et vertueuse déclaratif du cantique de Salomon es proverbes au chapitre qui se commēce. « Mulierē fortem quis inveniet ». La quelle expositiō est extraicte de plusieurs excellēs docteurs utile et prouffitable a personnes religieuses et autres gens de dévociō, faict et cōposé par ung religieux de la reformation de l'ordre de Fonteurault à la requeste de sa sœur, religieuse reformée dudit ordre (François le Roy). *S. l. (Paris), Jehan Petit, s. d.,* pet. in-8 goth., mar. grenat., fleurons à froid aux angles et sur le dos, fil int., tr. dor. (*Petit-Simier*).

26. ALCORAN DE MAHOMET (L'), translaté d'arabe en françois par le sieur Du Ryer, sieur de la Garde Malezair. *Suivant la copie à Paris, Ant. de Sommaville,* 1672, pet. in-12, mar. brun, jans., dent. int., tr. dor.

Imprimé par Daniel Elzevier, d'Amsterdam.

---

27. SEVERUS. Sulpitii Severi opera omnia quæ extant. *Amstelodami, ex officina Elzeviriana,* 1656, pet. in-12, titre gravé, mar. violet à longs grains, fil. et petite dent. à froid sur les plats, dos orné de fil., dent. int., tr. dor.

Imprimé par Louis et Daniel Elzevier.

28. MAIMBOURG. Traité historique de l'établissement et des prérogatives de l'Église de Rome et de ses évêques. *Sur la copie*

imprimée à Paris, chez Séb. Mabre-Cramoisy, 1688, pet. in-12, front. gravé, mar. brun, fil. à froid, fleurons aux angles, dos orné, dent. int., tr. dor.

C'est à la suite de la publication de ce livre que le P. Maimbourg dut abandonner l'ordre des Jésuites.

29. DU CAMBOUT DE PONTCHATEAU et ARNAULD (Ant.). La Morale pratique des Jésuites, représentée en plusieurs histoires arrivées dans toutes les parties du monde, extraite ou de livres tres-autorisez et fidèlement traduits, ou de mémoires tres seurs et indubitables. *Cologne, Gervinus Quentel,* 1689-1695, 8 vol. pet. in-12, mar. rouge, fil., dos orné, dent. int., tr. dor. (*Rel. anc.*).

Le tome IV renferme l'Histoire de dom Jean de Palafox, évêque d'Angelopolis et depuis d'Osme. — Le tome V, Histoire de la persécution de Dom Bernardin de Cardenas, évêque du Paraguay et de Dom Ph. Pardo, archev. de l'Église de Manile. — Les tomes VI et VII, Histoire des différents entre les missionnaires jésuites d'une part et ceux des ordres de St-Dominique et de St-François, de l'autre. — Le tome VIII, De la calomnie, ou instruction du procez entre les jésuites et leurs adversaires sur la matière de la calomnie, 1695.

30. JEAN DANSE MIEUX QUE PIERRE; Pierre danse mieux que Jean; ils dansent bien tous les deux. *A Télonville, chez Jean Patinet,* 1719, 5 vol. in-12, frontispices, veau marb., fil., dos orné, dent. int., tr. dor. (*Rel. anc.*).

Satire très violente contre le P. La Chaise et les Jésuites; les deux premiers volumes renferment l'Histoire du P. La Chaise, jésuite, et confesseur de Louis XIV; les trois autres des dialogues entre le P. Bouhours et le P. Menestrier.

Joli exemplaire aux armes du duc d'Aumont.

31. ALCORAN DES CORDELIERS (L'), tant en latin qu'en français, c'est-à-dire recueil des plus notables bourdes et blasphèmes de ceux qui ont osé comparer Sainct François à Jésus-Christ : tiré du grand livre des Conformitez, jadis composé (en latin) par frère Barthélemi de Pise, cordelier en son vivant (et traduit en français par Conrad Badius). Nouvelle édition, ornée de figures dessinées par B. Picard. *A Amsterdam, aux dépens de*

la compagnie, 1734. 2 vol. in-12, mar. gren., chiffre sur les plats, dent. int., tête dor.

Titre gravé avec la date de 1733 et 21 figures (dont 1 repliée).

Bel exemplaire NON ROGNÉ.

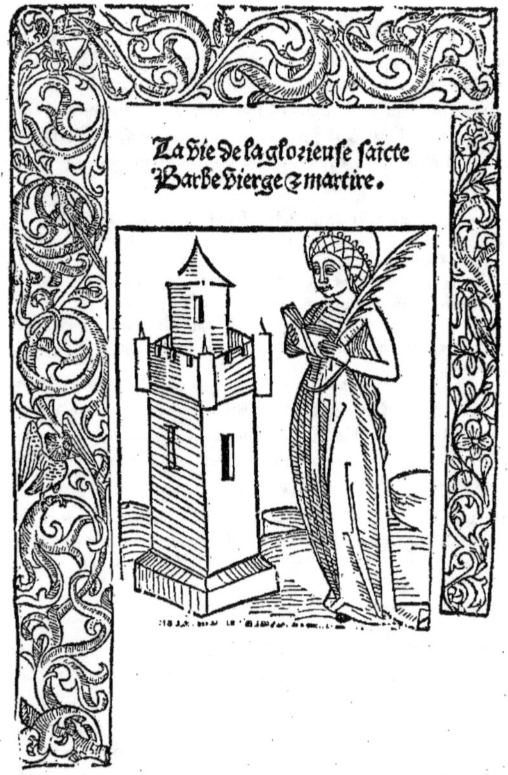

32. VIE DE LA GLORIEUSE SAÏCTE BARBE (La) vierge ȝ mar-

tire. *S. l. n. d.*, in-4 de 12 ff. non chiff., mar. rouge, jans. (*Trautz-Bauzonnet*).

Exemplaire NON ROGNÉ provenant des bibliothèques Yemeniz et du Cte de Lignerolles. Il passe pour le seul connu.

Vie, en prose, différente du mystère catalogué sous le N° 134 du présent catalogue.

Elle a été imprimée à Lyon, en 1488, par Jean de La Fontaine, avec les caractères de l'édition du roman de chevalerie de *Clamades et la belle Claremonde* donnée par le même imprimeur.

Voir Claudin, *Histoire de l'Imprimerie en France*, tome 3, pag. 293 et 531.

33. BUCELINUS (G.). Aquila imperii benedictina cujus ordinatiss. pennarum serie, monachorum ordinis S. P. N. Benedicti de imperio universo amplissima et immortalia merita obiter, at distincte et graphice adumbrantur. Auctore R. P. Gabriele Bucelino. *Venetiis, apud Juntas et Hertz*, 1651, in-4 de 8 ff. prél., 429 pag. et 24 ff. non chiff. pour la table des noms cités, l'index des saints et bienheureux de l'ordre de St-Benoist et la table des provinces bénédictines, figures, mar. brun, fil., chiffre sur les plats, dos orné, dent int., tr. dor. (*Allô*).

Frontispice et 3 grandes figures (la Vierge, Ste-Gertrude et Ste-Methilde) gravés sur cuivre et 1 figure gravée sur bois représentant St-Benoît entouré de ses disciples.

Histoire apologétique des origines de l'ordre de St-Benoît et de tous les princes, papes, hauts dignitaires de l'Église et saints religieux de l'ordre ou ses propagateurs.

34. VILLETTE. Histoire de Notre-Dame de Liesse. *A Laon, chez A. Rennesson et à Paris, chez Antoine Warin*, 1708, in-8, figures, mar. rouge, filet, dent. int., tr. dor. (*Rel. anc.*).

9 figures gravées en taille-douce par *S. Thomassin*.

Bel exemplaire du marquis de Coislin.

SCIENCES ET ARTS

35. MARCONVILLE (Jean de). Traité de la bonté et mauvaistie des femmes. *Paris, Jean Dallier*, 1571. — De l'heur et malheur de mariage, ensemble les lois connubiales de Plutarque traduictes en françois. *Ibid., Id.*, 1571. — Ens. 2 ouv. en 1 vol., in-8, veau jaspé, dos orné (*Rel. anc.*).

36. MONTAIGNE. Les Essais de Michel, seigneur de Montaigne. Édition nouvelle, trouvée après le deceds de l'autheur, reveue et augmentee par luy d'un tiers plus qu'aux précédentes impressions. *Paris, Abel l'Angelier*, 1595, in-fol. de 12 ff. prél., 523 et 232 pag., mar. rouge, comp. de fil., fleurons aux angles, dos orné, dent. int., tr. dor. (*Thibaron*).

Excellente édition donnée par Mlle de Gournay après la mort de Montaigne.

Exemplaire renfermant l'*Avis* au lecteur ; les pages 63, 64 ne contiennent pas l'addition de Mlle de Gournay.

Petits raccommodages.

37. MONTAIGNE. Les Essais de Michel, seigneur de Montaigne. Nouvelle édition, exactement purgée des défauts des précédentes, selon le vray original. *Amsterdam. Antoine Michiels*, 1659, 3 vol. in-12, front. gravé, mar. rouge à longs grains, fil., dent. int., tr. dor. (*Thouvenin*).

Haut., 0m,155.

38. MONTAIGNE. Les Essais de Michel, seigneur de Montaigne. Nouvelle édition, exactement purgée des défauts des précédentes selon le vray original. *Bruxelles, Fr. Foppens*, 1659, 3 vol. in-12, front. gravé contenant le portrait de Montaigne, mar. gren., fil., dos orné au pointillé, dent. int., tr. dor. (*Brany*).

Haut., 0m,145.

39. LA ROCHEFOUCAULD. Maximes et réflexions morales du

duc de La Rochefoucauld. *Paris, impr. de P. Didot l'aîné*, an IV-1796, in-4, mar. rouge à longs grains, dent., dos orné, dent. int., doublé et gardes de moire bleue, tr. dor. (*Rel. anc.*).

Belle édition imprimée à 250 exemplaires sur papier vélin.

40. DESCARTES (René). Les Passions de l'Ame, par René Descartes. *A Amsterdam, par Louis Elzévier, et à Paris, chez Henry Le Gras*, 1650, petit in-8, mar. brun, jans., dent. int., tr. dor. (*David*).

Édition elzévirienne très bien imprimée.

41. BOILEAU (Jacques). De l'Abus des nuditez de gorge, seconde édition. *A Paris, chez J. de Laize de Bresche*, 1677, in-12, veau fauve, fil., dos orné, dent. int., tr. dor. (*Simier, rel. du Roi*).

Cette seconde édition est augmentée de l'ordonnance des Vicaires généraux de Toulouse, contre la nudité des bras, des épaules et de la gorge, et de l'indécence des habits des femmes et des filles.

42. LÉVÊQUE DE POUILLY (Jean, Simon). Théorie de l'imagination, par le fils de l'auteur de la Théorie des sentimens agréables (Lévêque de Pouilly). *A Paris, chez Bernard*, an XI, 1803, in-18, mar. rouge à longs grains, dent., dos orné, dent. int., tr. dor. (*Rel. anc.*).

43. BORNITII (Jacobi) de nummis in repub. percutiendis et conservandis libri duo. Ex systemate politico deprompti. *Hanoviae, typis Wechelianis, apud Claudium Marnium et heredes Joannis Aubrii*, 1608, 102 p. et 4 ff. non chiff. — Ejusdem Aerarium, sive tractatus politicus... *Francofurti, typis Matthiae Beckeri*, 1612, 94 pag. — Julii Pflugi de ordinanda republica Germaniae oratio. *Francofurti, apud G. Tampachium*, 1612, 92 pag. — Ens. 3 ouv. en 1 vol. in-4, mar. vert, fil., tr. dor. (*Rel. anc.*).

Aux armes et au chiffre de Charles de Valois, COMTE D'AUVERGNE.

44. SERA (Albertus). Locupletissimi rerum naturalium Thesauri accurata descriptio et iconibus artificiosissimis expressio, per universam physices historiam (latine et gallice). *Amstelaedami, apud J. Wetstenium et Gul. Smith et Janssonio-Waesbergios at-*

que H. C. Arksteum et H. Merkum et Petrum Schouten, 1734-1765, 4 vol. in-fol., front. et portrait et 449 planches, mar. rouge, dentelle, dos orné, dent. int., tr. dor. (*Rel. anc.*).

Très bel exemplaire.

45. BUCHOZ. Les Dons merveilleux et diversement coloriés de la nature dans le règne végétal, ou collection de plantes précieusement coloriées pour servir à l'intelligence de l'histoire générale et œconomique des 3 règnes, et formant suite à la collection des fleurs curieuses et enluminées, qu'on cultive tant dans les jardins de la Chine, que dans ceux de l'Europe. *Paris, chez l'auteur, s. d.*, 2 vol. — Le Jardin d'Eden, le Paradis terrestre renouvelé dans le jardin de la Reine à Trianon, ou collection des plantes les plus rares qui se trouvent dans les deux Hémisphères pour servir à l'intelligence de l'histoire générale et œconomique des 3 règnes, et faisant le supplément de la collection précieuse et coloriée des fleurs qui se cultivent tant dans les jardins de la Chine que dans ceux de l'Europe. Et des dons merveilleux et diversement coloriés de la nature dans le règne végétal. *Paris, chez l'auteur*, 1783, 2 vol. — Ens. 4 vol. in-fol., mar rouge, fil., dos orné, dent. int., tr. dor. (*Rel. anc.*).

Très bel exemplaire contenant les 400 planches coloriées avec soin. Excellentes reliures.

46. PASCAL. Traitez de l'équilibre des liqueurs et de la pesanteur de la masse d'air par Monsieur Pascal. *Paris, Guillaume Desprez*, 1663, in-12, figures, mar. rouge, fil., dos orné, dent. int., tr. dor. (*Capé*).

Bel exemplaire de la première édition de ce traité, il contient les 2 grandes planches gravées sur cuivre.

47. MÉMOIRE pour servir à l'instruction des chasseurs à cheval, 1777. *S. l.*, pet. in-12 de 118 p. et 27 planches, mar. rouge, fil., dos entièrement orné, dent. int., tr. dor. (*Rel. anc.*).

Des avant-garde. De la poursuite d'une arrière-garde. Des retraites en présence de l'ennemi. De la défense du passage d'un défilé. Des patrouilles. Des embuscades. Des surprises soit de jour ou de nuit, etc. etc.

Manuscrit du XVIIIe siècle accompagné de 27 planches dessinées à la plume et coloriées.

48. JAUBERT. Éclaircissement des véritables Quatrains de maistre Michel Nostradamus, docteur et professeur en médecine, conseiller et médecin ordinaire des Roys Henry II, François II et Charles IX, grand astrologue de son temps et spécialement pour la connoissance des choses futures. *S. l. (Amsterdam)*, 1656, pet. in-12, port. par Larmessin, mar. rouge, fil., dos orné, dent. int., tr. dor. *(Brany)*.

L'auteur de cet ouvrage, Étienne Jaubert, médecin, démontre que les véritables quatrains de Nostradamus renferment la prédiction de tous les grands événements qui se sont accomplis dans le monde de 1555 à 1560.

49. HISTOIRE PRODIGIEUSE et lamentable de Jean Fauste, grand magicien, avec son testament et sa vie épouventable (trad. de l'allemand par V. Palma Cayet). *Cologne, chez les héritiers de Pierre Marteau*, 1712, pet. in-12, frontispice gravé, mar. brun, jans., dent. int., tr. dor. *(Smeers)*.

Cette édition est la plus jolie, elle a été imprimée à Bruxelles, chez Georges de Backer.

50. LE PELLETIER (Jean), de Rouen. L'Alkaest, ou le dissolvant universel de Van-Helmont, relevé dans plusieurs traitez qui en découvrent le secret. *Rouen, Guillaume Behourt*, 1704, in-12, mar. rouge, dent., dos orné, tr. dor. *(Rel. anc.)*.

Traduction et commentaires des traités de Philalete de Ripley, par George Starkey.

51. FOURNIER. Manuel typographique, utile aux gens de lettres et à ceux qui exercent les différentes parties de l'art de l'imprimerie, par Fournier, le jeune. *A Paris, imprimé par l'auteur et se vend chez Barbou*, 1764-1766, 2 vol., pet. in-8, mar. rouge, fil., dos orné à la grotesque, dent. int., tr. dor. *(Rel. anc.)*.

2 frontispices par *Gravelot* et *de Sève*, gravés par *Fessard* et nombreuses planches techniques.

Exemplaire imprimé sur GRAND PAPIER dans une excellente reliure de Padeloup d'une conservation parfaite.

De la bibliothèque du comte de La Bédoyère.

CHASSE

(VÉNERIE-FAUCONNERIE)

Ouvrages anciens et modernes.

52. ARCUSSIA (Charles d'). La Fauconnerie de Charles d'Arcussia de Capre, seigneur d'Esparron, de Pallieres et du Revest en Provence. Diviséeen dix parties contenuës à la page suyvante. Avec les portraits au naturel de tous les oyseaux. Au Roy. *Paris, Jean Houzé,* 1627, 5 part., en 1 vol. in-4, fig. sur cuivre, demi-rel. veau fauve, tr. marb.

Cet exemplaire ne renferme que les cinq premières parties de l'ouvrage sans les planches d'instruments de fauconnerie.

53. ARCUSSIA (Charles d'). La Fauconnerie de Charles d'Arcussia Sgr. d'Esparron. Des diverses espèces de Faucons, de la manière de les connoistre et de les dresser. Suivis de la Généalogie historique de Charles d'Arcussia, d'après les Mémoires du temps et des titres inédits. *Paris,* 1594-1888, in-8, mar. vert, fil., angles et dos ornés de faucons, dent. int., tr. dor. (*Chambolle-Duru*).

Joli manuscrit de Victor Bouton écrit sur vélin en belle bâtarde, avec titre en lettres d'or et rouges ; il est orné de 16 figures de faucons peintes hors texte avec le plus grand soin.

Ce manuscrit est la copie exacte du manuscrit original de la Fauconnerie d'Arcussia ; elle est augmentée de la Généalogie historique de Charles d'Arcussia Seigneur d'Esparron, gentilhomme provencal, et de ses descendants jusqu'en 1740, d'après les manuscrits du temps et des titres inédits. Cette généalogie est ornée de blasons peints avec soin.

54. BEC (J. du). Discours de l'antagonie du chien et du lièvre, ruses et proprietez d'iceux, l'un à bien assaillir, l'autre à se bien deffendre, composé par messire Jehan du Bec, abbé de Mortemer. A la noblesse françoise (1593). *S. l. n. d.* (*Paris, Crapelet,* 1850), pet. in-8 de 3 feuillets non chiff. et 26 pag., mar. La Vall., jans., dent. int., tête dor., non rogné (*Allô*).

Réimpression tirée à 62 exemplaires.

55. BELLIER DE VILLIERS (A. C. E.). Les Déduits de la chasse du chevreuil, dédiés à Monseigneur le Comte de Paris. *Paris, Victor Goupy*, 1870, pet. in-4, mar. rouge, fil., dos orné, dent. int., tête dor., ébarbé (*Champs*).

Les 14 planches hors texte sont tirées sur papier de Chine.

56. BOISROT DE LACOUR (Comte). Traité sur l'art de chasser avec le chien courant. Ouvrage qui contient la manière de former, de conserver et de diriger une meute ainsi que les principes et la théorie de l'art du veneur ; où l'on traite en détail : les chasses du lièvre, du chevreuil, du renard, du loup et du sanglier. *Paris, Vve Pairault et fils*, 1883, in-12, mar. vert, angles ornés d'un cor de chasse, dos orné, dent. int., couverture illust. (*Pierson*).

Exemplaire enrichi de 30 AQUARELLES ORIGINALES de CH. BOYER.

57. BOISSIEU (Arthur de). En Chasse. *Paris, E. Maillet*, 1868, in-18 de 49 pag., frontispice gravé à l'eau-forte, mar. brun, fil., chiffre sur les plats, dos orné, dent. int., tête dor., ébarbé (*Allô*).

Imprimé à 350 exemplaires sur papier de Hollande.

58. CABINET DE VÉNERIE publié par Paul Lacroix. *Paris, Librairie des bibliophiles*, 1880-1888, 11 vol. pet. in-12, mar. citron, fil., chiffre mosaïqué sur les plats, dos orné, dent. int., tr. dor. (*Allô* et *Champs*).

Du Bec (Jehan). Discours de l'antagonie du chien et du lièvre, 1880. — Clamorgan (Jean de). La Chasse du loup, nécessaire à la maison rustique, 1881. — Le bon varlet de chiens, publié d'après le texte inédit d'un manuscrit de la bibliothèque de l'Arsenal, 1881. — Tardif (Guillaume). Le Livre de l'art de Faulconnerie et des chiens de chasse, 1882, 2 vol. — Cretin (G.) et H. Sahel. Debat entre deux Dames sur le passetemps des chiens et des oiseaux, poème de G. Cretin, suivi de la chasse royalle, poème de H. Sahel, 1882. — Le livre du Roi Dancus, texte français inédit du XIIIe siècle, suivi d'un traité de Faulconnerie également inédit, d'après Albert le Grand. Avec une notice et des notes par H. Martin-Dairvault, 1883. — Arcussia (Charles d'). La Conférence des Fauconniers, 1883, frontispice en 2 états. — Du Sable (Guillaume). La Muse chasseresse, 1884. — Bullandre (Simon de). Le Lièvre, poème, 1885. — Gruau (Louys). Nouvelle invention de chasse pour prendre et oster les loups de la France, avec une notice et des notes par H. Martin-Dairvault, 1888.

Exemplaires imprimés sur PAPIER DE CHINE, tirés à 20 exemplaires.

59. CHABOT (comte de). La Chasse du chevreuil et du cerf avec l'historique des races les plus célèbres de chiens courants. Dessins des chiens par M. Mahler. *Paris, Firmin-Didot et Cie*, 1891, gr. in-8, mar. vert, encad. de 5 fil., chiffre mosaïqué sur les plats, dos orné de têtes de cerfs surmontés de la croix de St-Hubert, sur mar. brun, dent. int., tête dor., non rogné, couvert. illust. (*Champs*).

Cet exemplaire est orné de 27 AQUARELLES ORIGINALES de CH. BOYER dont six hors texte, les autres sont au commencement ou à la fin des chapitres.

60. CHASSE (de la) A LA BÉCASSE à tir et au chien d'arrêt telle qu'on la pratique dans les départements de l'Ain et du Jura, par un chasseur rustique. *Bourg, Gromier,* 1869, pet. in-8, mar. vert foncé, fil., dent. int., tête dor., non rog., couv. cons. (*Pierson*).

Exemplaire enrichi de 17 AQUARELLES ORIGINALES de CH. BOYER : 1 frontispice hors texte, 1 grande aquarelle occupant le faux-titre et 15 aquarelles dans les marges.

61. CHASSE (La) AU TIR, poème en cinq chants. Dédié aux chasseurs. *Paris, V. Thiercelin et U. Canel,* 1827, in-8, dos et coins mar. vert, fil., dos orné, tête dor., non rogné (*Champs*).

Jolie impression d'Honoré de Balzac, composée en caractères variés (romain, gothique, ronde et italique) ; elle est ornée d'un titre et de 5 figures gravés en taille-douce.

62. CHEVIGNÉ (comte de). La Chasse, poème suivi de la traduction du Moretum de Virgile, d'une journée à Féricy et de quelques autres opuscules en vers français. Seconde édition, revue avec soin et ornée de gravures, par M. le comte L.-M.-J. de Chevigné. *Paris, Firmin-Didot,* 1830, gr. in-8, mar. vert, fil., dos orné, dent. int., tête dor., non rogné (*Champs*).

Exemplaire imprimé sur papier vélin ; 3 lithographies d'*Adam*.

63. CLAMORGAN. La Chasse du loup, nécessaire à la Maison

rustique. En laquelle est contenue la nature des loups et la manière de les prendre, tant par chiens et filets, qu'autres instruments, etc. Au Roy Charles IX. *Rouen, J. Berthelin*, 1632, in-4, de 25 ff. non chiff., fig. sur bois, mar. gren., comp. de fil. et de petits fers avec motifs de chasse, angles ornés de têtes de cerfs et de loups portant des brebis, dos orné, dent. int., tr. dor. (*Allô*).

A la fin du volume on a relié trois feuilles contenant diverses recettes de chasse, pêche, médecine et pour trouver les sources d'eau.

64. CLAMORGAN. La Chasse du loup, nécessaire à la Maison rustique, par Jean Clamorgan. *Lyon, J.-B. Gimeaux*, 1668, in-4 de 48 ff., figures sur bois, mar. brun, comp. de fil. et de petits fers avec motifs de chasse, angles ornés de loups enlevant des brebis, dos orné, dent. int., tr. dor. (*Allô*).

65. DESGRAVIERS. L'Art du valet de limier, avec la manière la plus simple de dresser un chien de plaine et diverses recettes pour guérir les chiens des maladies les plus dangereuses, auquel on a joint un état des différents rendez-vous de chasse du Roi et des princes du sang, avec la distribution des quêtes et le placement des relais. Dédié à S. A. S. Monseigneur le Prince de Conty par Messieurs Desgraviers, capitaines de dragons, etc. *Paris, Prault*, 1784, in-12 de VIII-208 pag. et 143 pag., mar. vert, fil., dos orné, dent. int., tr. dor. (*Hardy-Mennil*).

66. DU FOUILLOUX. La Venerie de Jacques du Fouilloux, seigneur dudit lieu, gentilhomme du pays de Gastine en Poictou, par luy jadis dediee au tres-chrestien Roy Charles neufiesme. *Paris, Abel l'Angelier*, 1606. — La Fauconnerie de Jean de Franchières, grand prieur d'Aquitaine. *Ibid., id.*, 1607, ensemble 2 vol. in-4, figures sur bois, mar. vert, fil., angles et dos ornés à petits fers, dent. int., tr. dor. (*Cuzin*).

Beaux exemplaires.

67. FAUCONNERIE CONTEMPORAINE (La). Équipage de Champagne, 1866-1868. *Paris*, 1887, in-8 de 16 ff., mar. vert, fil., angles et dos ornés de faucons, dent. int., tr. dor. (*Chambolle-Duru*).

Joli manuscrit de Victor Bouton sur vélin écrit en bâtardes avec titre en lettres d'or et en rouge ; il est orné de 13 blasons et figures de faucons peints avec le plus grand soin.

Ce manuscrit donne la description de l'équipage de fauconnerie ayant eu son siège au Mourmelon, camp de Châlons, de 1866 à 1868, et dont M. le Cte A. Werlé était président.

68. FORTIN. Les Ruses innocentes dans lesquelles se voit comment on prend les oyseaux passagers et les non passagers et de plusieurs sortes de bêtes à quatre pieds. Avec les plus beaux secrets de la pêche dans les rivières et dans les estangs et un traité très utile pour la chasse. Et la manière de faire tous les rets et les filets qu'on peut s'imaginer. Le tout divisé en cinq livres, avec les figures. Ouvrage très curieux et récréatif pour toutes sortes de personnes qui font leur séjour à la campagne. Par F. F. F. R. D. G. (Frère François Fortin, religieux de Grandmont), dit le solitaire inventif. *Paris, Ch. de Sercy,* 1688, in-4, fig. sur bois, mar. vert, comp. de fil. et fleurons aux angles, chiffre sur les plats, dos orné, dent. int., tr. dor. (*Allô*).

Bel exemplaire.

69. GAUCHET (Claude). Le Plaisir des Champs, poëme en quatre parties, selon les quatre saisons de l'année. Édition nouvelle d'après le texte original de 1583. Introduction et notes par Ernest Jullien, vice-président du tribunal civil de Reims. *Paris, Firmin-Didot et Cie,* 1879, 2 vol. in-4, en feuilles, dans des étuis.

Un des 2 exemplaires (n° 2) imprimés sur PEAU DE VÉLIN d'une réimpression dédiée à M. le Cte Alfred Werlé.

70. GAUCHET (Claude). Le Plaisir des Champs, poëme en quatre parties selon les quatre saisons de l'année. Édition nouvelle d'après le texte original de 1583. Introduction et notes par Ernest Jullien, vice-président du tribunal civil de Reims. *Paris, Firmin-Didot et Cie,* 1879, 2 vol. in-4, mar. vert, fil., dos orné, tr. dor. (*Champs*).

Un des 8 exemplaires imprimés sur PAPIER DE CHINE.

71. GOURY DE CHAMPGRAND. Traité de vénerie et de chasses. Sçavoir : Du Cerf. Du Daim. Du Chevreuil. Du Lièvre. Du San-

glier. Du Loup. Du Renard. Du Blaireau ou Taisson. Du Loutre. De la Belette, de la Marte ou Fouine, Putois, etc. Du Lapin. *Paris, Claude-Jean-Baptiste Hérissant,* 1769, 2 part. en 1 vol., in-4, mar. rouge, fil. à froid, dent. int., tr. dor. (*Hardy*).

39 planches de *L. Hallou.* Le frontispice est colorié.
ÉDITION ORIGINALE.

72. JADIN. Maison de l'Empereur. La Vénerie. 1852-1870. Texte et dessins par Emm. Jadin, d'après ses propres études et les dessins et croquis de son père, Godefroy Jadin, peintre de la Vénerie. *Paris, Goupil et Cie, Manzi, Joyant et Cie,* 1905, in-fol. en livraisons, dans un emboîtage de mar. bleu, avec la reproduction en couleurs, sur le premier plat, de la planche de Jadin « Au bois ».

Tirage à 100 exemplaires.
Un des 90 (n° 73) imprimés sur papier vélin du Marais. Frontispice, en héliogravure noire, et 9 planches, héliogravure en couleurs.

73. LA FERRIÈRE (Cte Hector de). Les Chasses de François Ier, racontées par Louis de Brézé, grand sénéchal de Normandie, précédées de la Chasse sous les Valois par le Cte Hector de la Ferrière. *Paris, Aug. Aubry,* 1869, pet. in-8, papier vergé, mar. vert, fil., dos orné, dent. int., tête dor., non rogné (*Champs*).

74. LIGNIVILLE (Jean de). La Meutte et venerie pour le chevreuil de haut et puissant seigneur : Messire Jean de Ligniville. *Nancy, Maubon,* 1861, in-4, demi-chag. bleu, tête dor., non rogné.

Réimpression de l'édition de Nancy, 1655.
Exemplaire de souscription (n° 10) imprimé sur grand papier de Hollande.

75. LIGNIVILLE (Jean de). Les Meuttes et veneries de Jean de Ligniville. Introduction et notes par Ernest Jullien et Henri Gallice. *Paris, Damascène Morgand,* 1892, 2 vol. pet. in-4, demi-rel. mar. bleu, fil., dos orné, tête dor., non rognés, couverture (*Pierson*).

Édition tirée à 110 exemplaires numérotés. Un des 10 exemplaires imprimés sur GRAND PAPIER DE HOLLANDE (Ex. n° 5 au nom de M. le Cte Alfred Werlé).

76. LIVRE DU ROY MODUS (Le) et de la reine Racio, nouvelle édition, conforme aux manuscrits de la Bibliothèque royale, or-

née de gravures faites d'après les vignettes de ces manuscrits fidèlement reproduites, avec une préface par Elzéar Blaze, auteur du Chasseur au chien d'arrêt, etc. *Paris, Elzéar Blaze,* 1839, gr. in-8, dos et coins, mar. rouge, tête dor., non rogné (*Petit, succ*[r] *de Simier*).

Édition imprimée sur papier de Hollande en caractères gothiques, elle est ornée de figures sur bois.

77. LE MASSON (Edmond). Nouvelle vénerie normande, ou essai sur la chasse du lièvre, du cerf, du chevreuil, du sanglier, du loup et du renard. *Avranches, E. Tostain,* 1841, in-8, toile verte, non rogné.

PREMIÈRE ÉDITION, non citée par Souhart.

78. LE VERRIER DE LA CONTERIE. L'École de la chasse aux chiens courans, par M. Le Verrier de la Conterie, écuyer, seigneur d'Amigny, les Aulnets, etc., précédée d'une bibliothèque historique et critique des Théreuticographes. *A Rouen, de notre imprimerie Nicolas et Richard Lallemant,* 1763, 2 part. en 1 vol. in-8, planches gravées sur bois et 14 pages de tons de chasse et fanfares gravées sur cuivre, mar. rouge, fil., dos orné, dent. int., tr. dor. (*Capé*).

PREMIÈRE ÉDITION.

79. LISLE DE MONCEL (De). Méthodes et projets pour parvenir à la destruction des loups dans le royaume. *Paris, imprimerie royale,* 1768, in-12 de XIV et 322 pag., plus un grand tableau renfermant 8 modèles d'états, veau marb., fil., dos orné (*Rel. anc.*).

Rare.

80. MAILLY (Chevalier de). L'Éloge de la Chasse, avec plusieurs aventures surprenantes et agréables qui y sont arrivées. Présenté au Roy (par le chevalier de Mailly). *Paris, Jean-Luc Nyon,* 1723, in-18, mar. vert, jans., dent. int., tête dor., non rogné, chiffre sur les plats (*Thinot*).

Exemplaire, entièrement non rogné, de la première édition.

81. NOBLESSE DES CHASSES. Armorial des capitaineries royales et non royales avant 1789. *Paris, Victor Bouton,* 1889-

1890, 5 vol. in-8, mar. bleu, fil., angles et dos ornés de têtes de cerfs avec la croix de St Hubert ou de faucons, dent. int., tr. dor. (*Chambolle-Duru*).

Duché de Valois, château de Monceaux, capitaineries de la Brie et de la Champagne. — La Picardie, de Boulogne à Soissons, 1889. — St Germain, Versailles, Paris et ses environs, 1890. — Fontainebleau, etc., de l'Orléanais à la Bourgogne, 1890. — Normandie, Bretagne et l'ouest de la France.

Très jolis manuscrits de Victor Bouton calligraphiés en belle bâtarde sur vélin très fin; tous les titres sont en lettres d'or, en rouge ou en bleu.

Chaque volume est enrichi de nombreux blasons peints avec le plus grand soin, avec la description des émaux en caractères rouges.

TRÈS JOLIE COLLECTION.

82. PERRAULT (Charles). La Chasse, poème. *Paris, Aubry*, 1862, pet. in-8, mar. vert, jans., dent. int., tête dor., non rog., couv. cons. (*Pierson*).

Exemplaire enrichi de 32 AQUARELLES ORIGINALES de CH. BOYER; un frontispice hors texte, une grande aquarelle occupant le faux-titre et 30 aquarelles dans les marges.

83. SALNOVE (De). La Venerie royale, divisée en IV parties qui contiennent les chasses du cerf, du lièvre, du chevreuil, du sanglier, du loup et du renard. Avec le dénombrement des forests et grands buissons de France, où se doivent placer les logements, questes et relais pour y chasser. Dédiée au Roy par messire Robert de Salnove. *Paris, Antoine de Sommaville*, 1665, in-4 de 14 ff. non chiff., 446 pag. dont les dernières non numérotées et 38 pag. pour le Dictionnaire des chasseurs, veau br., dos orné (*Rel. anc.*).

Deuxième édition, plus belle que la première. Sur le titre *ex-libris* de la bibliothèque de l'Abbaye de St Germain-des-prés.

84. SELINCOURT (Jacques Espée de). Le parfait Chasseur, pour l'instruction des personnes de qualité, ou autres qui aiment la chasse, pour se rendre capables de cet exercice, apprendre aux veneurs, piqueurs, fauconniers et valets de chiens à servir dans les grands équipages, etc. *Paris, Gabriel Quinet, au Palais, à l'entrée de la galerie des Prisonniers, à l'ange Gabriel*, 1683, in-12 de 14 ff. non chiff., 390 p. et 1 f. pour le privilège, mar. vert, fil., dos orné, dent. int., tr. dor. (*Hardy*).

Bel exemplaire d'un volume assez rare.

85. TABLETTES DE SAINT-HUBERT. Ses commandements, ses aphorismes, traduits par Deyeux. *Paris, Pairault et Cie, s. d.*, in-32, mar. rouge, dos orné, dent. int., tête dor., non rogné, couverture (*Champs*).

Tirage à 150 exemplaires sur PAPIER du JAPON ; celui-ci est enrichi de 11 jolies AQUARELLES ORIGINALES de H. DE STA.

86. THOU (J. Aug. de). Il Falconiere di Jacopo Augusto Tuano, primo presidente del parlamento di Parigi, d'all' esametro latino all'endecasillabo italiano trasferito, ed interpretato. Coll' uccellatura a Vischio di Pietro Angelio Borgeo, poemetto pur latino, tradotto e commentato. Ozii, e ameni studii di G. P. Bergantini, C. R. *In Venezia*, 1735, *G. Abbrizzi q. Girol.*, 2 part. en 1 vol. in-4, front. et vignettes de Jos. Filosi, vél. (*Rel. anc.*).

Traduction en vers italiens par G. P. Bergantini du poème latin de J. A. de Thou, le « *Hieracosophion* ».

87. TRAITTÉ de toute sorte de chasse et de pêche. Contenant la manière de faire raccommoder et teindre toutes sortes de filets, de prendre aux pièges toutes sortes d'oiseaux et bêtes à quatre pieds ; un traité de la Volerie et des oiseaux qui y servent ; un traité de la grande chasse avec les plus beaux secrets de la Pêche, dans la Mer, les Rivières et les Étangs, etc. *Amsterdam, aux dépens d'Estienne Roger*, 1714, 2 vol. in-12, mar. vert, fil., dos orné, dent. int., tr. dor. (*Hardy*).

90 planches de chasse et de pêche gravées sur cuivre.

88. YAUVILLE (D'). Traité de vénerie. *Paris, Imp. Roy.*, 1788, in-4, veau, marb. fil., dos orné du chiffre de Louis XVI, tr. rouges (*Rel. anc.*).

BELLES LETTRES

89. ESTIENNE (Henri). Proiect du livre intitulé : De la precellence du langage François. *A Paris, par Mamert Patisson*, 1579, in-8, mar. brun, jans., dent. int., tr. dor. (*Hardy*).

Traité recherché.

90. BOSSUET (J. B.). Recueil d'oraisons funèbres composées par Messire Jacques Benigne Bossuet, evesque de Meaux. *Paris, chez la veuve Mabre-Cramoisy,* 1689, in-12, mar. noir, fil., dos orné, dent. int., tr. dor. (*Allô*).

Première édition collective.

91. FLÉCHIER. Oraison funèbre de très-haut et puissant seigneur Messire Michel Le Tellier, chevalier, chancelier de France, prononcée dans l'église de l'hostel royal des Invalides, le 22 jour de mars 1686. *Paris, Séb. Mabre-Cramoisy,* 1686, in-4, mar. noir, jans., dent. int., tr. dor.

ÉDITION ORIGINALE.

92. MASCARON (Jules). Recueil des oraisons funèbres prononcées par Messire Jules Mascaron, évêque et comte d'Agen, prédicateur du Roy. *A Paris, chez Grégoire Du Puis,* 1704, in-12, mar. bleu, jans., dent. int., tr. dor. (*Thibaron*).

Première édition collective contenant cinq oraisons funèbres.

POÉSIE

93. VIRGILE. Les quatre livres des Georgiques de Virgile, traduis en carme françois par R. Le Blanc et dédiés à tres-illustre princesse Ma-dame Marguerite de France, duchesse de Berri, sœur unique du magnanime roi Henri II de ce nom. *Paris, Charles l'Angelier,* 1554, in-8 de 8 ff. prél., 70 ff. chiff. et 1 f. pour la marque de l'Angelier, réglé, mar. bleu, comp. de fil. et fleurons, dos orné, dent. int., tr. dor.

94. VIRGILIUS (P.) Maro varietate lectionis et perpetua adnotatione illustratus a Chr. Gottl. Heyne. Accedunt indices. *Lipsiae, sumptibus Caspari Fritsch,* 1800, 6 vol. in-8, figures et vignettes de Fiorillo, gravées par Geyser, mar. vert à longs grains, fil., dent. à fr., dos orné, dent. int., tr. dor. (*Rel. anc.*).

On y a joint 2 lettres autographes de Gaspard Fritsch. L'une est adressée à l'éditeur Renouard et datée du 6 juin 1810. L'autre est sans adresse et sans date: il annonce qu'il vend sa maison aux frères Hahn de Hanovre, après l'avoir gérée pendant plus de 50 ans.

95. LUCAIN. La Pharsale de Lucain, ou les guerres civiles de César

et de Pompée, en vers françois par M. de Brebœuf. *Leide, chez Jean Elzévier*, 1658, pet. in-12, frontispice gravé, mar. rouge, fil., dos orné, tr. dor. (*Rel. anc.*).

Cachet sur le titre.

96. LORRIS (Guillaume de) et MEUN (Jean de). Le Rommant de la Rose nouvellement reveu et corrigé oultre les précédentes impressions. *On les vend à Paris en la rue Sainct Jacques à l'enseigne de la fleur de lys, s. d.* (1538), gros vol. petit in-8, mar. rouge, fil., dos orné, dent. int., tr. dor. (*Belz-Niedrée*).

Édition imprimée en caractères gothiques et ornée de nombreuses figures sur bois.

Exemplaire court de marges, le titre courant est atteint à plusieurs feuillets.

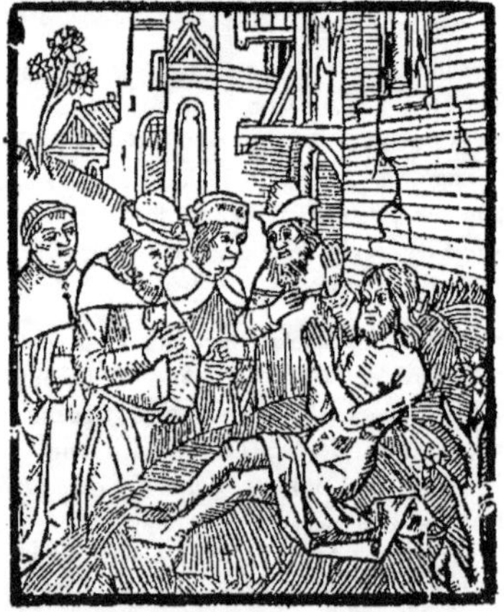

97. VIGILLES DE(S) MORS en françoys. *S. l., n. d.* (*Paris, G. Nyverd*), petit in-8 gothique de 8 ff., figures sur bois au-dessous

du titre, marque de Guill. Nyverd occupant le verso du dernier feuillet, mar. brun, dent. int., tr. dor.

Exemplaire un peu court de marges.

98. COLLECTION COUSTELIER. *Paris, Ant. Urb. Coustelier,* 1723-1724, 10 vol. pet. in-8, veau fauve, dos orné (*Rel. anc.*).

La Farce de maistre Pierre Pathelin. — La Légende de maistre Pierre Faifeu, mise en vers par Charles Bourdigné. — Œuvres de M. Honorat de Beuil, chevalier, seigneur de Racan, 2 vol. — Poésies de Martial de Paris, dit d'Auvergne, 2 vol. — Poésies de Guillaume Coquillart, official de l'église de Rheims. — Œuvres de François Villon. — Poésies de Guillaume Crétin. — Œuvres de Jean Marot.

Exemplaires aux armes de BOYER DE CRÉMILLES, lieutenant-général des armées du Roi.

99. MAROT (Clément). Les œuvres de Clément Marot, de Cahors, valet de chambre du Roy; reveuës et augmentées de nouveau. *A La Haye, chez Adrien Moetjens,* 1700, 2 vol. pet. in-12, mar. rouge, fil., dos orné, dent. int., tr. dor. (*Lortic*).

Bonne édition sous cette date.

100. **MARGUERITE DE NAVARRE.** Marguerites de la Marguerite des princesses, très illustre royne de Navarre (publiées par Symon Silvius dit de la Haye). *Lyon, Jean de Tournes,* 1547, 2 vol. in-8, figures sur bois, mar. rouge, fil., dos orné, dent. int., tr. dor. (*Rel. anc.*).

Édition la plus recherchée de ces poésies.

Charmant exemplaire bien conservé, recouvert d'une reliure de Padeloup très fraîche. Il provient des bibliothèques Odiot, Bon Léopold Double et de M. E. Quentin Bauchart.

101. TOMBEAU DE MARGUERITE DE VALOIS (Le), reine de Navarre, faict premièrement en distiques latins par les trois sœurs princesses en Angleterre (Anne, Marguerite et Jeanne de Seymour); depuis traduictz en grec, italien et françois par plusieurs des excellentz poètes de la France. Avecques plusieurs odes, hymnes, cantiques, épitaphes sur le mesme subject (publié par Nicolas Denisot, dit comte d'Alsinois). *Paris, Michel Fezandat, et Robert Gran Ion,* 1551, in-8 de 104 ff. non chiff., portrait de la reine Marguerite gravé sur bois au verso du titre,

mar. bleu, comp. de fil. droits et courbes, coins et dos ornés, dent. int., tr. dor. (*Bauzonnet*).

Bel exemplaire des bibliothèques du baron Pichon et de M. E. Quentin-Bauchart.

102. LIURE DE PLUSIEURS PIÈCES, c'est à dire, faict et recueilly de diuers autheurs, cõme de Clemẽt Marot, et autres : ce que tu verras en la page suyuante. *Lyon, par Thibauld Payen*, 1548 : (à la fin) : *imprimé à Lyon par Nicolas Bacquenois*, in-16, mar. La Vall., fil., et comp. sur les plats, dos orné, fil. int., tr. dor.

Petits raccommodages et petites taches.

103. BELLEAU (Remy). Les œvvres poétiques de Remy Belleau, rédigées en deux tomes. Reueuës et corrigées en cette dernière impression. *A Rouen, chez Jean Berthelin*, 1640, 2 tom. en 1 vol. pet. in-12, mar. vert., guirlande de feuillages sur les plats, dent. int., tr. dor. (*Chambolle-Duru*).

104. COURTIN DE CISSÉ. Les Euures poétiques de Jaques de Courtin de Cissé, gentilhomme percheron. *Paris, Gilles Beys*, 1581, in-12, mar. rouge, plats et dos entièrement couverts de comp. de filets, volutes, rinceaux et feuillages, doublé de mar. bleu, fil., semé de petites marguerites, gardes de moire bleue, tr. dor., étui (*Lortic*).

Très joli exemplaire provenant de la bibliothèque H. Bordes ; il est recouvert d'une très riche reliure de Lortic père dont la décoration rappelle les belles reliures de Clovis Eve.

105. RONSARD. Les œuvres de Pierre Ronsard, gentil-homme Vandomois, augmentées de plusieurs poésies de l'auteur qui n'estoyent en la précédente édition, rédigées en cinq tomes. *A Lyon, pour Thomas Soubron*, 1592, 5 vol. pet. in-12, portraits, vélin à recouvrements, fil., milieux et dos ornés (*Rel. anc.*).

Édition rarement complète.

106. BAÏF (J. de). Les Jeux de Jan Antoine de Baïf. A Monseignevr le duc d'Alençon. *A Paris, pour Lucas Breyer*, 1573, in-8, mar. rouge, fil. à froid, fleuron doré aux angles, dent. int., tr. dor. (*Capé*).

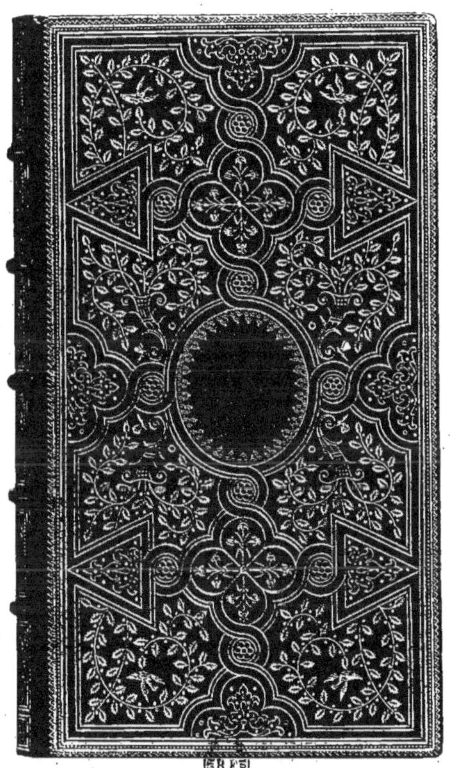

N° 104. — Œuvres de Courtin de Cissé.

107. BAÏF (Jean-Ant. de). Les Mimes, Enseignemens et Proverbes. *A Tolose, pour Jean Jagourt,* 1605, pet. in-12, titre gravé avec portrait de Baïf, mar. rouge, fil., dos orné, dent. int., tr. dor. (*Capé*).

Cette édition de 1605 est beaucoup plus rare que celles de 1608 et 1612 données par le même imprimeur.

108. LIVRE DE LA FONTAINE PÉRILLEUSE, avec la chartre d'Amours: autrement intitulé, le Songe du Verger; œuure très-excellent, de poésie antique contenant la Stéganographie des mystères secrets de la science minérale, avec commentaire de J. G. P. (Jacques Gohory), dédié à l'illustre seigneur J. de Ferrières, vidame de Chartres. *A Paris, pour Jean Ruelle,* 1572, pet. in-8 de 48 ff., veau fauve, fil. dent. int. (*Koehler*).

109. TRELLON. Le Cavalier parfait du sieur de Trellon, où sont comprinses toutes ses œuures diuisées en quatre livres. *Lyon, Pierre Rigaud,* 1614, in-12, mar. brun, jans., dent. int., tr. dor. (*Canape*).

C'est le plus important recueil de poésies de Claude de Trellon, il renferme la plus grande partie des vers parus dans la *Muse guerrière* et *La Flamme d'amour*.

110. SAINTE-MARTHE (Scevole de). Œuvres de Scevole de Sainte-Marthe. Dernière édition. *A Paris, chez Jacques Villery,* 1629, in-4 de 4 ff. prél., 217 pag. dont les dernières mal chiff. et 1 ff. d'errata, non chiff., mar. rouge, compart. de fil., dos orné, tr. dor. (*Capé*).

Cet exemplaire ne renferme que les poésies françaises de Scevole de Sainte-Marthe.

111. DES PORTES. Les premières œuvres de Philippes Des Portes, au Roy de France et de Poloigne. *A Anvers, par Nicolas Soolmans,* 1582, pet. in-12, mar. rouge, fil. à froid, dent. int., tr. dor.

112. LE DIGNE (Nicolas). Les Fleurettes du premier meslange de N. Le Digne, sieur de l'Espine-Fontenay, rassemblées par A. de La Forest, escuyer, sieur du Plessis. *A Paris, chez Jeremie Pe-*

rier, 1601, pet. in-12, mar. vert, fil., dos orné, dent. int., tr. dor. (*Masson-Debonnelle*).

Recueil rare dans lequel on trouve des vers pour des *Mascarades*, une pièce sur les *Eaux des fontaines de Pougues*, des *sonnets, stances, odes* et *pastorelles*.

113. LORTIGUE (de). Les Poèmes divers du sieur de Lortigue, provençal, où il est traicté de guerre, d'amour, gayetez, poincts de controuerses, hymnes, sonnets et autres poésies. *Paris, Jean Gesselin,* 1617, in-12, mar. rouge, fil., dos orné, dent. int., tr. dor. (*Capé*).

Bel exemplaire d'un livre curieux et rare. Petit cachet sur le titre.

114. MALHERBE. Poésies, rangées par ordre chronologique ; avec un discours sur les obligations que la langue et la poésie française ont à Malherbe, et quelques remarques historiques et critiques. *Paris, Barbou,* 1757, in-8, portrait gravé par Fessard, mar. rouge, fil., dos orné, dent. int., tr. dor. (*Rel. anc.*).

Très bel exemplaire, imprimé sur PAPIER DE HOLLANDE, de la meilleure édition qui jusqu'alors eut encore paru de ces poésies. Reliure très fraîche.

115. MALHERBE. Poésies, édition stéréotype. *Paris, imprimerie de P. Didot l'aîné,* an VIII, in-18, mar. rouge à longs grains, petite dent., comp. de fil. entrelacés, dos orné, dent. int., tr. dor. (*Rel. anc.*).

Exemplaire imprimé sur PAPIER VÉLIN fin ; reliure très fraîche.

116. EXPILLY. Les Poemes de messire Claude Expilly, conseiller du Roy an son conseil d'Etat et prezidant au parlement de Grenoble. *Grenoble, Pierre Verdier,* 1624, in-4, mar. rouge, comp. de fil. à la Du Seuil, fleurons, dos orné, dent. int., tr. dor. (*Lortic*).

Exemplaire de la bibliothèque Renard.

117. ADAM (Me) (Billaut). Les Chevilles de Me Adam, menuisier de Nevers. *A Paris, chez Toussaint Quinet,* 1644, in-4, mar. rouge, compart. de fil., angles et dos ornés, fil., dent. int., tr. dor. (*Capé*).

Première édition comprenant 100 pages renfermant les approbations des poètes du temps, 3 ff. de table non chiff. et 315 pages pour les *Chevilles*.

Le portrait de Me Adam, qui manque souvent, se trouve dans cet exemplaire.

118. MAYNARD. Les œuvres de Maynard. *A Paris, chez Augustin Courbé,* 1646, in-4, de 14 ff. prél. y compris le portrait de Maynard, gravé par Daret et 384 pag., fil., dos orné, dent. int., tr. dor. *(Duru)*.

Cette édition, dédiée au cardinal Mazarin, contient une préface de Gomberville.

119. MALLEVILLE (Claude de). Poésies du Sieur de Malleville. *A Paris, chez Augustin Courbé,* 1649, in-4 de 4 ff. prél., 370 pag. et 6 ff. non chiff. pour la table et le privilège, mar. vert, dos orné, dent. int., tr. dor. *(Thibaron)*.

Première édition des poésies de l'un des poètes les plus distingués de l'époque.

120. L'HERMITE (François). Les Vers héroïqves du Sieur Tristan L'Hermite. *A Paris, se vend chez l'auteur,* 1648, in-4, mar. brun, fil. à froid, dent. int., tr. dor. *(Petit-Simier)*.

Ce volume, dédié au comte de Saint-Aignan, renferme les portraits de l'auteur et de Saint-Aignan, gravés par *Daret,* un titre gravé et 4 figures dont la dernière porte le monogramme de *F. Chauveau.*

121. GOMBAULD. Les Poésies de Gombauld. *A Paris, chez Augustin Courbé,* 1646, in-4 de 4 ff. prél., 304 pag. et 2 ff. de table non chiff., mar. vert, fil., dos orné., dent. int., tr. dor. *(Thibaron-Joly)*.

122. GOMBAULD. Les Épigrammes, divisées en trois livres. *Paris, Courbé,* 1657, pet. in-12, mar. rouge, jans., dent. int., tr. dor. *(Smeers)*.

Le prénom de Courbé a été gratté sur le titre.

123. LE JOLLE (Pierre). Description de la ville d'Amsterdam, en vers burlesques selon la visite de six jours d'une semaine. *A Amsterdam, chés* (sic) *Jacques le Curieux,* 1666, pet. in-12, front. gravé, mar. vert, fil., dos orné, dent. int., tr. dor. *(Allô)*.

124. LA FONTAINE (M. de). Contes et Nouvelles en vers par

M. de La Fontaine. *Paris, chez Louys Billaine*, 1669, in-12, mar. rouge, jans., dent. int., tr. dor. (*Chapalain*).

TROISIÈME ÉDITION ORIGINALE ; elle offre cette particularité qu'à la page 119, où finit la *Servante justifiée*, ce conte est terminé par deux vers très libres qui ne sont pas de La Fontaine.

125. BOILEAU. Œuvres de Nicolas Boileau Despréaux, avec des éclaircissements historiques, donnez par lui-même. Nouvelle édition, revue, corrigée et augmentée de diverses remarques. Enrichies de figures gravées par Bernard Picart le Romain. *Amsterdam, David Mortier*, 1718, 2 vol. in-fol., mar. rouge, dent., fleurons aux angles, dos orné, dent. int., tr. dor. (*Rel. anc.*).

Bel exemplaire aux armes du comte Henri de CALEMBERG.

Très beau portrait (gravé par *Kunst* d'après *Kneller*) de la princesse de Galles à laquelle cette édition est dédiée, frontispice, fleuron, front. et 6 figures pour *le Lutrin*, vignettes et culs-de-lampe par *B. Picart*.

126. ARMAND. Histoire des amours et des infortunes d'Abélard et d'Éloïse, mise en vers satiri-comi-burlesques par M.*** (Armand). *A Cologne, chez Pierre Marteau*, 1724, in-12, frontispice gravé, mar. rouge, fil. à froid, dent. int., tr. dor. (*Hardy*).

127. VERGIER (Jacques). Œuvres. *Londres* (*Cazin*), 1780, 3 vol. in-18, portrait, mar. bleu, fil., dos orné, dent. int., tête dor., non rognés. (*Champs*).

Joli exemplaire NON ROGNÉ.

128. SARTINE (Mme de). Recueil écrit par Madame de Sartine mère, contenant plusieurs pièces qu'elle a composées. Manuscrit in-16, mar. blanc, large dent. à petits fers, milieux ornés d'un petit médaillon en mar. vert, renfermant, sous mica, une petite gouache représentant deux anges enveloppés de nuages, tenant d'une main les initiales D. S., et les couronnant de l'autre, dos orné, dent. int., doublé de tabis rose, tr. dor. (*Rel. anc.*).

Manuscrit autographe de Mme de Sartine, femme du célèbre ministre de la Police. Chaque page est entourée d'un encadrement de couleur. Il renferme des contes en vers, des chansons, bouts rimés, vers sur la naissance du fils de Mad. de Sartine, des vers de Boufflers — de Catherine Vadé, cousine de Guillaume Vadé, sur le carousel de l'Impératrice de Russie. —

Vers de Voltaire à Mad. du Boccage. — Les sept péchés mortels, par M. Chauvelin. — Chanson de Moncrif, pour Madame de Pompadour, etc.
Jolie petite reliure très fraîche.

129. DIVAN DE HAFIZ (XVIe siècle), in-8, de 210 ff., rel. laquée entièrement couverte de fleurs à l'extérieur et à l'intérieur (*Rel. anc.*).

Copie du XVIIIe siècle exécutée en Afghanistan ou dans le nord de l'Inde. Beau manuscrit sur papier orné de 28 belles miniatures et de très riches ornements. Chaque page est ornée d'un encadrement de fleurs.

130. NOUVEAU RECUEIL DE CHANSONS choisies. *La Haye, Jean Neaulme*, 1731-1743, 8 vol. in-12, musique notée, mar. rouge, fil., chiffre sur les plats, dos orné, dent. int., tête dor., non rognés. (*Allô*).

Joli exemplaire, NON ROGNÉ.

POÉSIE DRAMATIQUE

131. EURIPIDE. L'Iphigénie d'Euripide, poète tragiq. tourné de grec en François, par l'auteur de l'Art Poëtique (Th. Sibilet) dédié à Monsieur Ian Brinon, seigneur de Villènes et conseiller du Roy nostre Sire en sa Court de Parlement à Paris. *A Paris, Gilles Corrozet*, 1550, in-8 de 75 ff., mar. rouge, jans., dent. int., tr. dor. (*Thibaron*).

Même édition que celle de 1549 avec un nouveau titre.

132. TÉRENCE. Les six comédies de Terence, corrigées en presque infinis endroits par M. Ant. de Muret; avec les fleurs, frases et expositions morales mises à la fin de chasque scène. Le françois correspondant au latin. *Paris, pour Robert Coulombel*, 1583, in-16, mar. violet, marque des Alde sur les plats, dent. int., tr. dor. (*Thouvenin*).

Traduction de Bourlier, revue et corrigée d'après le texte donné précédemment par Muret. Cette édition contient une vie de Térence par Aelius Donatus.

133. SÉNÈQUE. L. et M. Annaei Senecæ tragædiæ, cum notis Th. Farnabii. *Amsterdami, apud Iohannem Blaeu*, 1665, pet. in-12, titre gravé, mar. brun, fil., dos orné, tr. dor. (*Bertrand*).

La vie et lystore de ma dame
saincte barbe par personna
ges/avec plusieurs des miracles dicelle. Et si est
a xxxviii. personnages. dont les noms sensuyvent

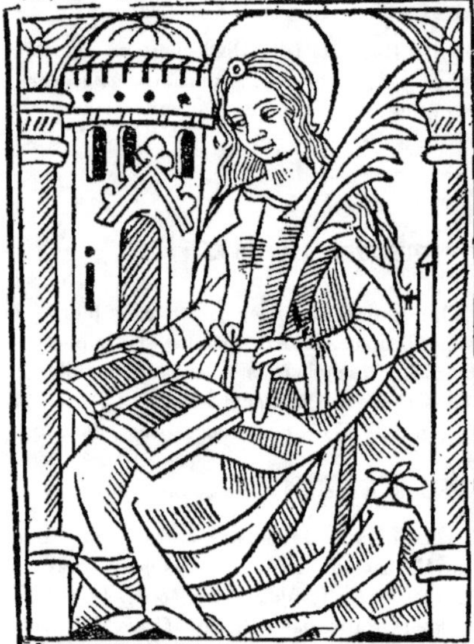

Sathan
Leviathan
Astaroth
Crocabart
Belial
Lucifer
La folle fēme
le messagier de
marcian.
le premier che
valier de mar
cian
Marcian em-
pereur
le .ii. chevalier
de marcian
Le messagier
de dyoscorus.
Le pmier che-
valier de dyo-
scorus
Dioscorus roy
le .ii. chevalier
de dyoscorus.
La royne
Barbe
la pmiere pu-
celle. la seconde pucelle. la tierce pucelle. le premier tyrant. le secōd
tyrant. le tiers tyrant. le quart tyrant. le chartrier. le pmier cheva
lier du prevost. le prevost. le .ii. chevalier du prevost. levesq̄ de
la loy. le prestre de la loy. le pmier massō le secōd massō. le pmier pa
stour. le secōd pastour. lhermite Dieu Gabriel Saint michel
On les trouvera chez iehā burges, le ieune.

134. VIE (La) ET LYSTORE DE MA DAME SAINCTE BARBE par personnages avec plusieurs des miracles dicelle. Et si est a

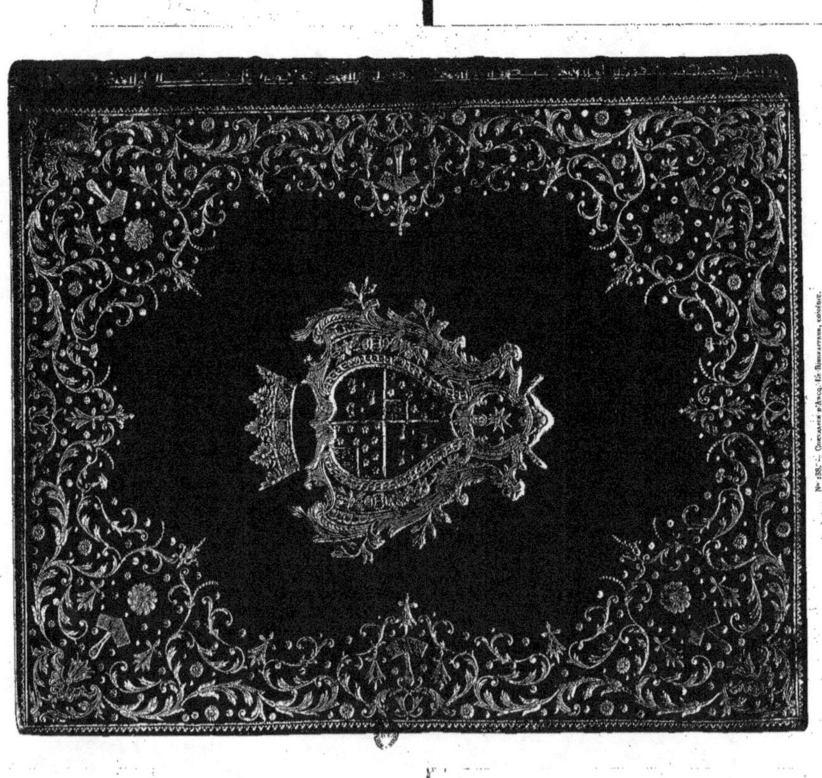

N° 138. — Chevalier d'Arcq. Le Bienfaiteur, comédie.

xxxviii personnages dont les noms sẽsuyvent. (A la fin :) Cy finist la vie et hystore de ma dame saincte barbe par p̄sonnages, nouvellement corrigée a la verité du texte de sa vie cõtenue en la legende doree. *Imprime pour jehan burges le jeune libraire demourant a Rouen pres le põt de robec au moulin Sainct Ouen, s. d.* (vers 1530), pet. in-4 goth. de 28 ff. non chiff. à 2 col., figures sur bois et marque de Jehan Burges au verso du dernier feuillet, mar. rouge, jans., doublé de mar. rouge, jans., tr. dor. (*Trautz-Bauzonnet*).

Ce mystère qui renferme environ 3500 vers est divisé en deux journées.

Cette édition n'est connue que par le présent exemplaire qui provient de la bibliothèque du Cte de Lignerolles. Il a servi à Brunet pour sa description dans le *Manuel du libraire*.

135. MONTCHRESTIEN. Les Tragédies d'Ant. de Montchrestien, sieur de Vasteville. Plus une bergerie et un poème de Susanne. *Rouen, J. Petit, s. d.* (1601), in-8, mar. rouge, fil., dos orné, dent. int., tr. dor. (*Duru*).

Titre gravé et portrait de Henri de Bourbon, prince de Condé, à l'âge de treize ans, auquel l'ouvrage est dédié.

Bel exemplaire d'Ambroise Firmin-Didot.

136. MOLIÈRE. Œuvres. *Londres (Cazin)*, 1784, 7 vol. in-18, portrait gravé par Delvaux, d'après Mignard, mar. vert, fil., dos orné, tr. dor. (*Rel. anc.*).

137. RACINE. Œuvres. *Paris, Denys Thierry*, 1687, 2 vol. in-12, frontispices et figures gravés, mar. rouge, fil., dent. int., tr. dor., (*Masson-Debonnelle*).

Bel exemplaire de cette édition qui renferme les 10 premières pièces de Racine, le discours prononcé à la réception de Th. Corneille et l'Idylle sur la Paix.

138. **D'ARCQ** (chevalier). Le Bienfaicteur, comédie, en prose et en un acte, 1767, Manuscrit, gr. in-4, de 69 pag., mar. rouge, très large dent. à petits fers, dos orné, dent. int., doublé de tabis bleu, tr. dor. (*Rel. anc.*).

Manuscrit de dédicace relié aux armes du comte de St-Florentin, ministre et secrétaire d'état. Superbe reliure avec larges dentelles à petits fers parmi lesquels se trouvent les pièces des armoiries du comte de St Florentin.

Ce manuscrit, écrit en italiques, est orné d'un joli titre et, au premier feuillet, des armoiries du Cte de St-Florentin, le tout dessiné à l'encre de Chine.

139. RECUEIL DE PIÈCES faites à l'occasion de plusieurs fêtes données au Bignon en l'année 1773. Manuscrit in-4 de 112 pag., orné de 6 titres-frontispices dessinés et gravés par Bertren, mar. rouge, fil., dos orné, dent. int., tr. dor. (*Rel. anc.*).

Ce recueil manuscrit contient :

1° (l')Histoire mémorable du Bignon et des fêtes champêtres qui ont illustré ce lieu tant célèbre dans les annales des taupes et autres animaux subalternes tant terrestres qu'aquatiques.

2° Fête de M. le marquis de Mirabeau, le 21 juillet 1773, veille de la St-Victor, patron du Marquis de Mirabeau (1re journée).

3° Fête de Mme de Pailly, 15 août (2e journée).

4° Ouverture du pont, 2 septembre (3e journée).

5° Fête des bosquets, *s. d.* (4e journée).

6° Anniversaire de Mme la M[ise] du Saillant, *s. d.* (5e journée).

7° Fête de la fontaine, 19 septembre (6e journée).

8° Septième journée, 20 octobre.

On y remarque 1 lettre du marquis de Mirabeau et 3 lettres de Mme de Pailly adressées à Mme la comtesse de Rochefort.

Le Bignon était une terre près de Nemours dans le Gâtinais appartenant au Marquis de Mirabeau, père du grand orateur qui y est né en 1749. Ce manuscrit curieux nous donne quelques renseignements sur l'intérieur de famille où Mirabeau passa sa jeunesse.

ROMANS, FACÉTIES, SATIRES. — POLYGRAPHES.

140. BONET (Honoré). L'arbre des batailles, par Honoré Bonet, prieur de Salon. In-4, de 6 et 152 feuillets, rel. velours grenat.

Beau manuscrit du xve siècle sur parchemin, avec de grandes marges, dont 5 sont décorées de rinceaux de fleurs et de fruits. — Cet ouvrage, qui eut à la fin du moyen âge un si grand succès, est précédé (fol. 1) d'une miniature, dans laquelle on voit Honoré Bonet offrant son livre au roi Charles VI.

141. RABELAIS. Les œuvres de M. François Rabelais, docteur en médecine, augmentées de la vie de l'auteur et de quelques remarques sur sa vie et sur l'histoire avec l'explication de tous les mots difficiles. *S. l.* (*à la sphère*), 1666, 2 vol. pet. in-12, mar. rouge, fil., dos orné, dent. int., tr. dor. (*Lortic*).

Imprimé à Amsterdam par Daniel Elzevier.

142. MARGUERITE DE NAVARRE. L'Heptameron ou histoires fortunez des nouvelles de tresillustre et tresexcellente Princesse, Marguerite de Valois Royne de Nauarre; remis en son vray ordre, confus auparavant en sa première impression, par Claude Grujet, Parisien. *A Paris, par Michel de Roigny*, 1574, in-16, mar. vert, fil., dos orné, dent. int., tr. dor. (*Rel. anc.*).

Exemplaire de la vente Brunet.

143. PARIVAL (J. N. de). Histoires facétieuses et moralles, assemblées et mises au jour par J. N. D. P., avec quelques histoires tragiques. — Histoires tragiques de notre temps arrivées en Hollande par J. N. D. P. *A Leiden, chez Salomon Vaguenaer*, 1669, 2 parties en 1 vol. pet. in-12, mar. marron, fil., angles et milieux ornés, dos orné, dent. int., tr. dor. (*Thouvenin*).

Recueil de 164 histoires dont 126 facécieuses.

144. PRECHAC (de). Le Voyage de Fontainebleau. *A Paris, au Palais, par la Compagnie des Marchands Libraires associez*, 1678, pet. in-12, mar. rouge, fil., dos orné, dent. int., tr. dor. (*Hardy-Mennil*).

145. DORTIGUE DE VAUMORIÈRE. Adelaïde de Champagne. *Suivant la copie imprimée à Paris*, 1680, 4 parties en 2 vol. pet. in-12, mar. noir, fil. à froid, dent. int., tr. dor. (*Cuzin*).

Exemplaire aux armes du comte de Lagondie.

146. BATARD (Le) de Navarre; nouvelles historiques. *Paris, sur le Quay des Augustins, etc.*, 1684, pet. in-12 de 103 pag., mar. bleu, fil., dos orné, dent. int., tr. dor. (*Hardy*).

Histoire de don Ramire, fils naturel de don Sanche et Major.

147. HISTOIRE secrète de la Duchesse de Portsmouth ; où l'on verra une relation des intrigues de la Cour du R. Ch. II, durant le ministère de cette duchesse et une relation aussi de la mort de ce Prince. *Imprimée à Londres, chez Richard Baldwin,* 1690, pet. in-12, figure, mar. rouge, fil., dos orné, dent. int., tr. dor. (*Niedrée*).

148. POELLNITZ. La Saxe galante ou histoire des Amours d'Auguste I. roi de Pologne (par le baron C.-L. de Poellnitz). *A Amsterdam, aux dépens de la Compagnie,* 1736, pet. in-8, mar. rouge, fil., dos orné, dent. int., tr. dor. (*Cuzin*).

149. SAINT-PIERRE (Bernardin de). Paul et Virginie (orné de quatre jolies gravures). *Paris, Deterville,* 1816, in-18, mar. rouge à longs grains, fil. dorés, dent. à froid, milieux et dos ornés, dent. int., tr. dor.

Reliure de l'époque très fraîche.
Figure de Desenne (*Humanité de Virginie*), ajoutée.

150. HISTOIRE du petit Jehan de Saintré. Par M. le Cte de Tressan. Par ordre de M. le comte d'Artois. *Paris, imp. de Didot l'ainé,* 1780, in-18, mar. vert, large dent. à petits fers, dos orné, dent. int., tr. dor. (*Rel. anc.*).

La jolie dentelle des plats est ornée aux angles d'une grande croix de Lorraine couronnée.

151. HURTADO DE MENDOZA. Lazarille de Tormès, traduction nouvelle de l'abbé du Charnes. *A Paris, chez Pierre Trabouillet,* 1680, 2 vol. pet. in-12, mar. rouge, jans., dent. int., tr. dor.

Édition de Claude Barbin, 1678. On a collé sur les titres une petite bande imprimée à l'adresse de Pierre Trabouillet.

---

152. DU FAIL. Les Contes et discours d'Eutrapel, par Noël du Fail, seigneur de La Herissaye, gentilhomme breton. — Discours d'aucuns propos rustiques, par le même. *S. l.* (*Paris*),

1732. Ens. 3 vol. pet. in-12, veau fauve, fil., dos orné, dent. int., tr. dor. (*Petit-Simier*).

153. FACÉCIEUX (Le) RÉVEILLE-MATIN des Esprits mélancholiques, ou le Remède préservatif contre les Tristes, auquel sont contenuës les meilleures rencontres de ce temps, capables de réjouyr toutes sortes de personnes et diuertir les bonnes compagnies en ceste dernière édition, augmenté de diuers contes très récréatifs. *A Utrecht, chez Gisbert de Zyll,* 1662, pet. in-12, mar. marron, fil., angles et milieux ornés, dos orné, dent. int., tr. dor. (*Thouvenin*).

154. GRAND MIROIR (Le) des Réformez sous l'histoire tragique de Dorimène. *A Genève,* 1673, in-12, figures, mar. rouge, fil., dos orné, dent. int., tr. dor. (*Chambolle-Duru*).

Ce volume renferme : l'Histoire tragique de Dorimène. — l'Histoire du petit Benjamin, fils de Dorimène et d'Alcidon. — l'Histoire de la bergère Magdelon. — l'Histoire d'Uranie, damoiselle espagnole. — l'Histoire du chevalier de la Magdelene. — les facecieuses aventures de Palaimont.

Armes de la ville de Genève sur le titre et 5 figures gravées sur cuivre.

155. LE PAYS. Amitiez, amours et amourettes, par M. le Pays. Dernière édition corrigée de plusieurs fautes qui se sont glissées dans les précédentes. *Amsterdam, Abr. Wolfgang,* 1668, pet. in-12, titre gravé, mar. rouge, jans., dent. int., tr. dor. (*Pouillet*).

Édition à laquelle est joint : « *Le Portrait de l'auteur des Amitiez, amours,* etc. », 36 pp. y compris le titre, édité par le même imprimeur.

156. RUSES (Les) d'AMOUR pour rendre ses favoris contens. *A Ville Franche, chez Joli le Franc,* 1681, pet. in-12 de 6 pp. prél. dont un frontispice gravé, 514 pag. et 1 ff. blanc., mar. rouge, fil., dos orné, dent. int., tr. dor.

Première partie de ce recueil, la seule qui ait été publiée.

157. PRIVILÈGES (Les) DU COCUAGE, ouvrage nécessaire tant aux cornards actuels, qu'aux cocus en herbe. *A Vicon, chez Jean Cornichon, à l'Enseigne du Coucou, s. d.* (1682), pet.

in-12, front. gravé, chagr. violet, fil., dor. et dent. à froid, dent. int., tr. dor.

« Un de ces livres dont le titre net et hardi indique bien mieux le contenu que ne pourrait le faire l'analyse la plus exacte et la plus détaillée, qui n'oserait pas, sans doute, s'exprimer avec une pareille franchise. » Catalogue Ch. Nodier.

158. CAYLUS (Comte de). Les Étrennes de la Saint-Jean. Troisième édition, revue, corrigée et augmentée par les auteurs de plusieurs morceaux d'esprit qui n'ont point encore paru. *Troyes, veuve Oudot,* 1751, in-12, veau marb., fil, dos orné, tr. rouges (*Rel. anc.*).

Exemplaire aux armes de la Marquise de POMPADOUR.

159. DE COURT (Louis). Varietez ingénieuses, ou recueil et mélange de pièces sérieuses et amusantes par M. D*** (par de Court, publiées par Manoury). *Paris, Christophe David,* 1725, in-12, mar. rouge, fil., dos orné, dent. int., tr. dor. (*Rel. anc.*).

Exemplaire aux armes de LOUIS XV. Tache sur un plat de la reliure.

Volume de prose et vers : odes, fables, épîtres, énigmes, lettres, portraits, etc.

160. BÉTHISY DE MÉZIÈRES. Lettres de M*** (le marquis E.-E. de Béthisy de Mézières. *A Manheim et se trouve à Paris, chez Bauche, Durand, Duchesne,* 1760, in-12, mar. rouge, fil. et fleurons aux angles, dos orné, tr. dor. (*Rel. anc.*).

Exemplaire aux armes d'Eugénie de Béthizy de Mézières, princesse de LIGNE.

161. NOUGARET (P. J. B.). Les jolis Péchés d'une marchande de modes, ou Ainsi va le monde. *Paris, Heide le jeune,* an XII, 1804, in-18 de 144 pages, mar. blanc, fil., dos orné, dent. int., tête dor. (*Pierson*).

Exemplaire NON ROGNÉ.

162. ARETINO (Pietro). La terza, et ultima parte de ragionamenti del divino Pietro Aretino, ne la quale si contengono due ragionamenti, cio è de le Corti, e del Giuoco, cosa morale, e bella.

Appresso Gio. Andrea del Melagrano. 1589. — Quattro comedie del divino Pietro Aretino.... Il Marescalco. La Cortegiana. La Talanta. L'Hipocrito. nouellamente ritornate, per mezzo della stampa, a luce, a richiesta de conoscitori del lor valore. *S. l.* (*G. A. del Melagrano, imp.*), 1588. Ens. 2 ouvrages en un vol. in-16, mar. olive, fil., chiff. aux angles et sur le dos, tr. dor. (*Rel. anc.*).

Exemplaire aux armes de Charles d'Orléans duc d'Angoulême Comte d'Auvergne, fils naturel de Charles IX et de Marie Touchet.

163. ÉRASME. Les Apophthegmes cest a dire promptz subtilz et sententieulz ditz de plusieurs Roys : chefz darmee : philosophes et autres grans personnaiges tant grecz que latins ; translatez de latin en francoys, par lesleu Macault notaire, secrétaire et vallet de la Chambre du Roy. *On les vend à Paris au Soleil d'or, en la rue Saint-Jacques,* 1539, in-8, mar. noir, tr. dor.

Cette première édition de la traduction du livre d'Erasme est très rare. Elle est dédiée à François Ier et renferme deux petites pièces de vers de Clément Marot.

164. PLINII CAECILII SECUNDI Epistolarum libri X et panegyricus. Accedunt variantes lectiones. *Lugd. Batavorum, ex officina Elseviriorum,* 1640, pet. in-12, mar. rouge, fil., dos orné, dent. int., tr. dor. (*Rel. anc.*).

Imprimé par Bonaventure et Abraham Elzevier.

---

165. LUCIANI pseudosophista, seu soloecista, cum notis et animadversionibus Johannis Georgii Graevii. *Amstelodami, apud Danielem Elzevirium,* 1668, pet. in-8, mar. rouge, jans., dent. int., tr. dor. (*A. Bertrand*).

Le texte grec est en regard de la traduction latine.

166. CLASSIQUES LATINS. Éditions variorum. 46 vol. in-8, reliés en mar. de diverses couleurs, dent. int., tr. dor.

Ciceronis opera. *Amstelodami, Blaeu, Wolfgang, Boom, Wetstenius. — Cantabirigiae, J. Bentham. — Oxonii, Fletcher. — Lugduni Batav., Luchtmans,* etc., 1684-1761, 21 vol. mar. vert. — Erasmi (Des.) Roterodami colloquia. *Delphis Lugd. Batav., apud Ad. Beman et Sam. Luchtmans*, 1719, mar. rouge. — Grotii (Hugonis) de jure belli ac pacis libri tres. *Amstelædami, ex officina Wetsteniana*, 1712, mar. vert, milieu orné. — Hesiodi Ascraei quaecumque exstant, graece et latine, ex recensione Joannis Clerici. *Amstelod., Gallet*, 1701, mar. gren. — Horatii (Q.) Flacci poemata, cum notis Al. Cuningamii. *Londini, Vaillant et Prevost*, 1721, mar. bleu. — Justini historiae philippicae, cum commentariis Bongarsii, Modii, Vossii, Gronovii, etc. *Lugduni Batav., Luchtmans*, 1760, mar. rouge. — Livii (Titi) historiarum quod extat, cum perpetuis Car. Sigonii et J. F. Gronovii notis. *Amstelod., apud D. Elzevirium*, 1675-79, 3 vol. mar. gren. — Lucanus (M. Annaeus) de bello civili, cum H. Grotii, Farnabiique notis. *Lugd. Batav., ex officina Hackiana*, 1669, mar. bleu. — Martialis (M. Valerii) epigrammata, accurante Cornelio Schreveli. *Lugd. Batav., ex officina Hackiana*, 1670, mar. gren. — Melae (Pomponii) de situ orbis libri III, cum notis integris Hermolai Barbari, Petri Joannis Olivarii, Vossii et Gronovii. *Lugduni Batav., Luchtmans*, 1748, mar. bleu. — Ovidii (Pub.) Nasonis opera omnia ex recensione Nicol. Heinsii. *Lugduni Batav, Leffen*, 1660-1662, 3 vol. mar. rouge, milieu orné. — Phaedri, Augusti liberti, fabularum Æsopiarum libri V, curante P. Burmanno. *Ibid., Luchtmans*, 1745, mar. rouge. — Plinii secundi naturalis historiae tomi tres, cum commentariis Geleni, Scaligeri, Gronovii, Vossii, etc. *Lugd. Bat. et Roterodami, apud Hackios*, 1668, 3 vol. — Epistolarum libri X. *Ibid., id.*, 1669, Ens. 4 vol. mar. grenat. — Statii (Publii Papinii) opera. *Ibid., id.*, 1671, mar. bleu. — Theophrasti characteres ethici, graece et latine, cum notis Casauboni. *Cantabrigae, Crownfield*, 1712, mar. gren. — Valerius Maximus, cum selectis variorum observat., ex nova recensione A. Thysii Icti. *Lugd. Batav., apud Fr. Hackium*, 1660, mar. gren. — Virgilii (P.) Maronis opera, cum notis Servii, Phylargyrii, etc. quibus accedunt observationes Jacobi Emmenessii, cum indice Erythraei. *Ibid., id., et Amstelod, Wolfgang*, 1680, 3 vol. mar. rouge.

167. SCARRON. Œuvres. *Suivant la copie imprimée à Paris*, 1668, 7 vol. in-12, mar. bleu, fil., dos orné à petits fers, dent. int., tr. dor. (*Thibaron*).

Le Virgile travesty en vers burlesques, 2 vol., figures. — Le Roman comique, 3 part. en 2 vol. (la 3e partie est datée de 1680). — Œuvres, revues, corrigées et augmentées de nouveau. Typhon, ou la gigantomachie, poème burlesque, le Jodelet, ou le M. Vallet. Le Jodelet, duelliste. L'héritier ridicule, comédies. — Dernières œuvres. La Fausse apparence comédie, Le prince corsaire, tragi-comédie. — Nouvelles œuvres tragi-comiques.

Collection complète des œuvres de Scarron, imprimée à Amsterdam par Abr. Wolfgang.

168. FIELDING. Œuvres. *Reims, Cazin*, 1784, 19 vol. in-18, mar. rouge, fil., dos orné à la grotesque, dent. int., tr. dor. (*Rel. anc.*).

Amélie, histoire anglaise, 5 vol. — Aventures de Joseph Andrews et de son ami Abraham Adams, 3 vol. — David Simple, ou le véritable ami, 3 vol. — Jonathan Wild le Grand, 2 vol. — Tom Jones, ou l'enfant trouvé, 5 vol. — Julien l'apostat, ou voyage dans l'autre monde.

De la *Petite Bibliothèque de Campagne*.

HISTOIRE

169. L'ART DE VÉRIFIER LES DATES des faits historiques, des chartes, des chroniques et autres anciens monuments, depuis la naissance de Notre-Seigneur, par le moyen d'une table chronologique... Avec deux calendriers perpétuels, etc. (par Dantine, Durand et Clémencet). Nouvelle édition, augmentée (par D. Fr. Clément). *Paris, G. Desprez*, 1770, in-fol., mar. rouge, fleurons aux angles, dos orné, dent. int., tr. dor. (*Rel. anc.*).

Armoiries sur les plats de la reliure.

170. VALLES (Claude de). Le Théâtre d'honneur de plusieurs princes anciens et modernes, avec leurs vies et faicts plus mémorables, et leurs vrais et naturels portraicts. Contenant aussi les vies et faicts de tous les chanceliers et gardes des seaux de France, de plusieurs hommes illustres, des iurisconsultes plus célèbres, anciens et modernes, qui ont escrit sur le droict romain : et les faux Dieux, le temps qu'ils ont esté, et leurs pourtraicts, recueillis et mis en ordre par Claude de Valles. *A. Paris*, 1618, in-fol. mar. rouge, comp. de fil., fleurons aux angles, dos orné, tr. dor. (*Rel. anc.*).

Aux armes de Phélypeaux seigneur de la Trillière.

Bel exemplaire de ce recueil connu sous le nom de *Chronologie collée*, li renferme 20 chronologies contenant, ensemble 2355 portraits avec texte, parmi lesquels les 144 petits portraits gravés par *Léonard Gautier*. Le titre général est enluminé avec soin.

171. C. SALLUSTIUS CRISPUS, cum veterum historicorum fragmentis. *Lugduni Batavorvm, ex officina Elzeviriana*, 1634, pet. in-12, titre gravé, mar. rouge à longs grains, fil., dent., dos orné, dent. int., tr. dor. (*Bozérian jeune*).

Seconde édition des quatre parues sous la date de 1634.
Joli exemplaire.

172. SUETONE TRANQUILLE, des faictz et gestes des douze Caesars, nouuellement imprime à Paris, 1540. *On les vend à Paris en la grande salle du palais par Arnoul Langelier tenant sa boutique au deuxiesme pillier deuant la Chapelle de Messieurs les presidens*, 1540, pet. in-8, figure sur bois répétée plusieurs fois, veau fauve, comp. de fil. à froid, fleurons aux angles (*Rel. du* XVIe *siècle*).

Reliure portant sur les plats la marque des Angeliers. Cet exemplaire contient quelques notes marginales d'une écriture ancienne.

173. CORNELIUS NEPOS, de vita excellentium Imperatorum, ex recognitione Steph. And. Philippe. *Lutetiae Parisiorum, David*, 1745, in-12, front. de Cochin et vignettes, mar. rouge, tr. dor. (*Rel. anc.*).

174. ANNIBAL et Scipion, ou les grands capitaines avec les ordres et plans de batailles et les annotations, discours, remarques politiques et militaires de M. le comte G. L. de Nassau ; auxquelles on a adjousté un autre traitté de remarques politiques (par Al. C. de Mestre). *A La Haye, chez Jean et Daniel Steucker*, 1675, pet. in-12, plans se dépliant, mar. rouge, fil., large dent. int., tr. dor.

L'Epistre, à son A. S. M. le Prince d'Orange, est signée Al. C. de Mestre.

175. FLÉCHIER. Histoire de Théodose le Grand, pour Monseigneur le Dauphin. *Paris, Sébastien Mabre-Cramoisy*, 1679, in-4, veau brun, dos orné, dans un étui (*Rel. anc.*).

ÉDITION ORIGINALE.

Exemplaire provenant de la bibliothèque particulière de Mme de Sévigné à qui il fut vraisemblablement donné par Fléchier.

Le feuillet de garde porte la mention :

A MADAME DE SEVIGNÉ,

---

176. **GRANS CRONIQUES DE FRANCE** (Les premier, second et tiers volumes des). Nouvellement imprimees à Paris. Avecques plusieurs incidences survenues durant les regnes des tres chrestiens roys de france tant es royaume dytallie, Dalmaigne, Dãgleterre, Despaigne, Hongrie, Jherusalem, Escoce, Turquie, flandres et autres lieux circonvoisins. Avecques la cronique frere Robert Gaguin contenue a la cronique Martinienne. *Imprimées à Paris pour François Regnault... demeurant rue sainct Jacques a lenseigne sainct Claude ..., s. d.* (1514), 3 vol. in-fol. goth. à 2 col., réglés, marques de « Guillaume Eustace » au titre et de François Regnault au dernier f. du 1er vol., figures sur bois, mar. bleu, dos et plat entièrement fleurdelisés, dent. int., tr. dor. (*Capé*).

Bel exemplaire provenant des bibliothèques des barons Léopold et Lucien Double.

Nombreuses figures sur bois dont beaucoup ont été employées dans des livres de Vérard de la fin du xve et du commencement du xvie siècle.

177. LES CRONICQUE DU FEU || ROY CHARLES SEPTIESME de ce nom que Dieu absoulle || contenant les faitz || et gestes dudit seigneur | lequel trouua le royaulme en grant deso || lation | et néantmoins le laissa paisible. Laduenement de la || pucelle faitz et gestes dicelle et autres choses sigulie || res aduenues de son temps rédigées par escript || par feu maistre Alain Chartier hõme bien || estime en son temps | secretaire dudit || feu roy Charles VII || ℭ Avec privilege || ℭ *On les vend a Paris en la rue Sainct Jacques en la maison de || François Regnault libraire iure de l'Universite a lenseigne de lele || phant deuant les maturins* || A la fin : ℭ *Cy finissent les cronicques du roy Charles septiesme | tresglo || rieux | victorieux et bien seruy | et regna trente neuf ans et neuf || moys. Et trespassa le XXIIe iour de Juillet mil quatre || cens*

soixãte et ung. Imprimé nouvellement à Pa || ris pour François Regnault libraire iure de lu || niversite | demourant a la rue sainct Ja || ques a l'enseigne de lelephant deuant || les Maturins. Et furent ache || uées d'imprimer le IIIe || iour de decembre || mil cinq cens || XXVIII (1528 ||, pet. in-fol., goth. de 80 ff., titre rouge et noir, figures sur bois, mar. bleu, fil., comp. de 3 fil. droits et cintrés, ornem. aux angles, dos orné, dent. int., tr. dor. (*Bauzonnet*).

Sur le titre, la marque de François Regnault. En tête du prologue, qui occupe le verso du deuxième feuillet, se trouve un bois représentant l'auteur en chaire adressant la parole à de nombreux assistants. Au verso de ce feuillet, petit portrait de Charles VII, gravé sur bois.

Bel exemplaire de la première édition de cette chronique; il provient de la bibliothèque du Bon de Ruble.

178. SACRE (le) ET COURONNEMENT DU ROY HENRY, deuxième de ce nom. *De l'imprimerie de Robert Estienne, s. d.* (1547), pet. in-8, mar. rouge, jans., dent. int., tr. dor. (*Cuzin*).

Opuscule de 20 feuillets dont le sixième est orné du verso d'une grande figure gravée sur bois représentant la cérémonie.

179. RECUEIL et Discours du voyage du Roy Charles IX, de ce nom à présent régnant, accompagné des choses dignes de memoire faictes en chacun endroit faisant son dit voyage en ses païs et provinces de Champagne, Bourgoigne, Daulphiné, Provence, Languedoc, Gascogne, Baïonne et plusieurs autres lieux, suyvant son retour depuis son partement de Paris, iusques à son retour audit lieu, ès années Mil cinq cens soixante quatre et soixante cinq faict et recueilly par Abel Jouan l'un des serviteurs de sa Majesté. *Paris, pour Jean Bonfons,* 1566, in-8 de 78 ff., mar. grenat, jans., dent. int., tête dor., non rogné (*Pierson*).

Relation intéressante fort rare. Mouillures.

180. RECUEIL de diverses pièces servant à l'histoire de Henri III, et contenant : 1° Journal du règne de Henri III, composé par M. S. A. G. A. P. D. P. (Servin); 2° L'Alcandre, ou les amours du Roy Henry le Grand, par M. L. P. C. D. (Mme la Psse de Conti); 3° Le Divorce satyrique, ou les amours de la Reine Marguerite de Valois sous le nom D. A. H. Q. M. (Pierre, Victor Palma-

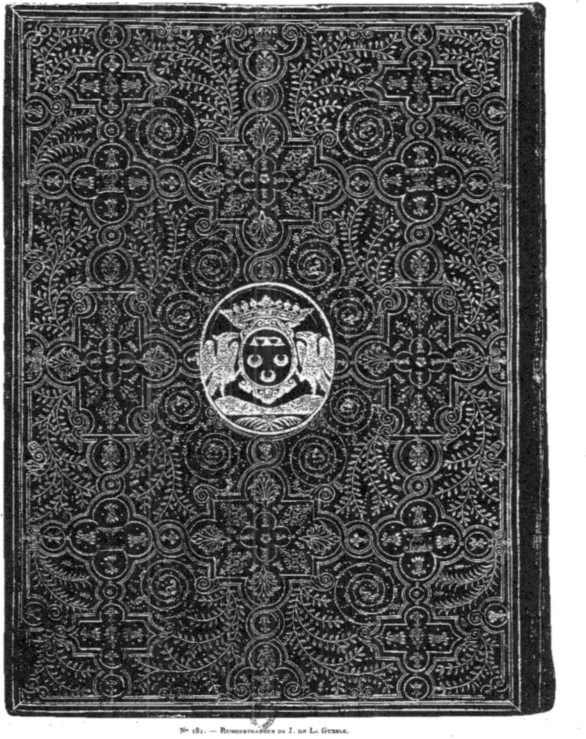

N° 181. — Remonstrances de J. de La Guesle.

Cayet) ; 4° La confession de M. de Sancy, par L. S. D. A. (Agrippa d'Aubigné). *Cologne, chez Pierre Du Marteau*, 1663, pet. in-12, mar. brun, fil., dos orné, dent. int., tr. dor. (*Duru*).

Édition imprimée par Louis et Daniel Elzévier d'Amsterdam. Cet exemplaire contient le Discours merveilleux de la vie, actions et déportemens de la Reyne Catherine de Médicis (par Henry Estienne). *Suivant la copie. Imprimée à la Haïe, L. et D. Elzevier*, 1663, 156 pages.

181. **LA GUESLE.** Les Remonstrances de Messire Jacques de La Guesle, procureur général du Roy. Dédiées à la Royne regente. *Paris, Pierre Chevalier, au mont St Hilaire, à la cour d'Albret*, 1611, in-4 de 4 ff. prél., 1009 pag. et 10 ff. non chiff. pour la table, titre gravé par L. Gaultier, dos et plats entièrement couverts de très riches compart., tr. dor. (*Rel. anc.*).

Riche reliure dont les plats et le dos sont entièrement ornés de compartiments de filets, rinceaux, volutes et feuillages rappelant les belles reliures exécutées pour J. A. de Thou et qu'on attribue à Clovis Eve.

Les armes de Charles Nicolas Le Clerc de Lessville, conseiller au Parlement de Paris, ont été poussées sur les plats au dix-huitième siècle, elles ont remplacé une petite couronne de feuillages.

Quelques légères restaurations au dos de la reliure, les plats sont parfaitement conservés.

182. MONTRÉSOR. Mémoires de monsieur de Montrésor. Diverses pièces durant le ministère du cardinal de Richelieu. Relation de Monsieur de Fontrailles. Affaires de messieurs le comte de Soissons, ducs de Guise et de Bouillon et autres pièces curieuses. *Leyde, Jean Sambix le jeune, à la Sphère*, 1665, 2 vol. pet. in-12, mar. vert à longs grains, fil., fleurons à fr. aux angles, dos orné, dent. int., tr. dor. (*Rel. anc.*).

Jolie édition, imprimée à Bruxelles par François Foppens. Le premier volume porte sur le titre, *Cologne, Jean Sambix*, 1664.

Exemplaire de C. Piéters.

183. TABLEAU (le) de la vie et du gouvernement de Messieurs les Cardinaux Richelieu et Mazarin et de Monsieur Colbert, représenté en diverses satyres et poésies ingénieuses, avec un recueil d'épigrammes sur la vie et la mort de Monsieur Fouquet et sur diverses choses qui se sont passées à Paris en ce temps-là.

Cologne, chez Pierre Marteau, 1693, in-12 de 8 ff. prél. et 432 pag., mar. brun, jans., fil., dent. int., tr. dor.

Bonne édition. *Paris ridicule,* poème satyrique de Petit, occupe les pages 351 à la fin du volume.

184. NEMOURS (Duchesse de). Mémoires de M. L. D. D. N.; contenant ce qui s'est passé de plus particulier en France, pendant la Guerre de Paris, jusqu'à la prison du Cardinal de Retz, arrivée en 1652, avec les différens caractères des personnes, qui ont eu part à cette guerre. *A Cologne,* 1709, pet. in-12, mar. rouge, fil., dos orné, dent. int., tr. dor. (*A. Bertrand*).

Mémoires publiés par Mlle L'Héritier.

185. MÉMOIRES très fidèles et très exacts des expéditions militaires qui se sont faites en Allemagne, en Hollande et ailleurs depuis le traité d'Aix-la-Chapelle jusqu'à celui de Nimègue, auxquels on a joint la relation de la bataille de Senef par M. le Prince et quelques autres mémoires sur les principales actions qui se sont passées durant cette guerre, par un officier distingué. *Paris, Briasson,* 1734, 2 vol. in-12, mar. bleu, chiffre couronné aux angles et sur le dos, dent. int., tr. dor. (*Petit, succr de Simier*).

Au verso du premier plat de la reliure du premier volume ont été collées les armes de G. A. Galard, comte de Brassac et de Béarn, provenant de l'ancienne reliure.

Au bas du titre du tome Ier cette souscription :

Je suis au duc de Mortemart.

186. MÉMOIRES contenant divers événements remarquables arrivés sous le règne de Louis le Grand; l'estat où estoit la France lors de la mort de Louis XIII, et celuy où elle est à présent. *Cologne, chez Pierre Marteau,* 1684, pet. in-12, mar. rouge, fil., dos orné, dent. int., tr. dor. (*Hardy-Mennil*).

Exemplaire relié sur brochure aux armes du prince d'Essling.

187. MÉMOIRES DE M. D'ARTAGNAN, capitaine lieutenant de la première compagnie des mousquetaires du Roi, contenant quantité de choses particulières et secrettes qui se sont passées sous le règne de Louis le Grand. *Cologne, Pierre Marteau,* 1701,

3 vol. in-12, mar. brun, fil., dos orné, dent. int., tr. dor. (*David*).

On y a ajouté 30 portraits de personnages du XVIIe siècle d'après *Warin, Ph. de Champaigne, Rigaud, Nocret, Mignard, Chasselat, Largillière, Monsiau*, etc., publiés au commencement du XIXe siècle.

188. VIE DE NICOLAS DE CATINAT, Maréchal de France. *Manuscrit, s. l., n. d.*, in-4 de 362 pag., mar. rouge, fil. et fleurons, dos orné, dent. int., tr. dor. (*Rel. anc.*).

L'auteur a composé cette vie de Catinat d'après la correspondance entière du maréchal, à l'armée, qu'il a recueillie avec soin. Il l'a écrite encore sur deux sources certaines : « l'une est un mémoire sur les différentes actions de M. de Catinat, écrit par M. Denis le Roi, procureur au Châtelet, homme que M. de Catinat honorait de sa confiance et qui a toujours été à la tête de ses affaires, l'autre est aussi un mémoire composé par un nommé Dastaing, maître d'hôtel de M. de Catinat. « Il y a peu de personnes, ajoute l'auteur, qui n'ait entendu parler de cet homme que son attachement et son respect pour M. de Catinat ont rendu célèbre... ; dans sa vieillesse, il n'avait conservé de mémoire que pour parler des vertus de M. de Catinat... J'ai cité, dit-il, avec exactitude les propres paroles de M. de Catinat sans oser y rien changer... »

Ce manuscrit est orné d'un portrait de Catinat et d'une vignette dessinée à l'encre de Chine.

189. MÉDAILLES sur les principaux événements du règne de Louis le Grand, avec des explications historiques (par Charpentier, Tallemant, Racine, Boileau, etc.). *Paris, Imp. roy.*, 1702, in-fol., front. et 289 fig. de médailles, mar. rouge, fil., dos orné, dent. int., tr. dor. (*Rel. anc.*).

Bel exemplaire aux armes de Louis XIV, contenant la préface manuscrite, dont l'imprimé a été supprimé à l'apparition de l'ouvrage.

190. ALMANACH ROYAL, année 1771. *A Paris, chez Le Breton*, in-8, mar. rouge, fil., dos orné, tr. dor. (*Rel. anc.*).

Exemplaire aux armes du prince d'Aremberg.

191. ALMANACH ROYAL, année 1786. Présenté à Sa Majesté pour la première fois en 1699 par Laurent d'Houry, ayeul de l'éditeur. *Mis en ordre, publié et imprimé par d'Houry*, in-8, mar.

rouge, fil., angles et dos fleurdelisés, gardes de moire bleue, tr. dor. (*Rel. anc.*).

Exemplaire en GRAND PAPIER aux armes du cardinal de BERNIS.

Les pages blanches du calendrier ont été ornées de 12 AQUARELLES, relevées de gouache, de Madame JANE LABROUSSE; elles sont, pour la plupart, des imitations d'estampes en noir ou en couleurs, de *Huet, Lawreince, Moreau*, etc.

192. ALMANACH ROYAL, année 1787. *Paris, Debure*, 1787, in-8, mar. rouge, grande plaque dorée sur les plats, tr. dor. (*Rel. anc.*).

193. CALENDRIERS DE LA COUR. 56 vol. in-32, dont 48 en mar., 6 en veau et 2 en vélin vert.

Années 1737, 1739, 1740 à 1766, 1768 à 1791, 1815, 1817, 1825 et 1828.

Plusieurs de ces petits volumes ont des reliures ornées de fers ou plaques dorés, 11 sont aux armes royales.

194. DISCOURS DU ROI, prononcé le 5 mai 1789, jour où Sa Majesté a fait l'ouverture des États-Généraux. *Paris, de l'imprimerie de Didot l'aîné, s. d.*, grand placard, cartonn. toile, dans un étui recouvert de mar. rouge, dent. (*Rel. anc.*).

Ce discours, imprimé sur soie, mesure 55^{cm} × 37^{cm}; il est enfermé dans un étui aux armes de Louis XVIII.

195. ALMANACH DES ARISTOCRATES, ou chronologie épigrammatique des apôtres de l'Assemblée nationale. *A Rome (Paris) l'an III de la Barnavocratie*, in-18, mar. rouge, fil., dos orné, dent. int. (*Hardy-Mennil*).

2 figures non signées : *L'aristocratie vengée, La justice démaillotée.*

Bel exemplaire, NON ROGNÉ. Recueil en vers contenant des épigrammes, chansons, contes, bons mots, etc.

196. CONVERSATION entre un maître d'école, un grenadier et un paysan ; ou le peuple désabusé, 124 pag. — Conversation entre deux jeunes filles de campagne sur les affaires du tems, par M. Degrenthe, le jeune, 64 pages. — Aux gardes nationaux de Paris, par un de leurs frères d'armes, 11 pages. *Paris, Petit et Guilmard*, 1792, 3 part. en 1 vol. in-32, mar. rouge, fil. et

dent. à petits fers, dos orné, dent. int., doublé de tabis bleu, tr. dor. (*Rel. anc.*).

Frontispice gravé.

197. LIVRE D'ORDRE DE LA GARDE DES CONSULS sous les ordres du colonel de Beauharnais : du 21 fructidor an VIII au 9 brumaire an IX, 8 vol. in-4, vélin vert, titre sur les plats dans un médaillon de mar. rouge, tr. dor. (*Rel. anc.*).

Curieux et intéressant manuscrit provenant de la Bibliothèque de la Malmaison dont le cachet se trouve sur la première page des volumes.

Il contient la copie de l'arrêté des Consuls relatif à l'organisation des régiments de la Garde, le tarif des soldes des officiers, des masses proposées pour la troupe, les nominations des officiers et sous-officiers, enfin tous les ordres du jour relatifs aux nominations, également les ordres de félicitations, dont un à la brigade Bessières à la suite de l'affaire du plateau de Saint-Julien. Il contient aussi tous les ordres généraux de Caffarelli, Mortier, Ordener, Reinaud, Lannes.

On y a ajouté 12 portraits et une vue de la « Malmaison ».

198. ORGANISATION DE LA GARDE DES CONSULS de la République, 8 septembre 1800, et de la Garde Impériale, 20 juillet 1804. Manuscrit in-4 de 87 feuillets, parchemin vert (*Rel. anc.*).

Intéressant manuscrit donnant tous les arrêtés relatifs à la solde, à la masse, au recrutement de la garde des Consuls ; contient les ordres du ministre de la guerre Berthier, relatifs à l'organisation de la garde. — A la suite, les décrets de Napoléon, devenu Empereur, pour l'organisation, la solde, la formation des corps de la Garde impériale.

199. DUCHESNE (François). Histoire des chanceliers et gardes des sceaux de France distingués par les règnes de nos monarques ; depuis Clovis, premier roy chrestien, jusques à Louis le Grand, XIVe du nom, heureusement régnant. Enrichie de leurs armes, blasons et généalogies. *Paris, chez l'autheur*, 1680, in-fol., fig. de blasons, mar. rouge, comp. de fil., fleurons aux angles, dos orné, dent. int., tr. dor. (*Rel. anc.*).

Exemplaire aux armes de J.-B. Colbert, imprimé sur grand papier.

200. BOURDIGNÉ (J. de). Hystoire agregatiue || des annales et cronicques Danjou contenant le com || encement et origine | auecques partie des chevaleu || reux et marciaulx gestes des magnanimes prin || ces consulz | contes et ducz Danjou, et pareil || lement plusieurs faictz dignes de memoi || re | aduenuz tant en France | Italie | Espaigne | Angleterre | Hieru || salem et autres royaulmes | tant chestiens que Sarrazins | Depuis le temps du déluge iusques || a present | très utille | proffitable et recreati || ve à tous nobles et vertueux espritz. Recueil || lies et mises en forme par noble et discret missire || Jehan de Bourdigne prestre | docteur es droictz | et depuis reveues et additionnées par le || Viateur || (J. Pelegrin) ℭ Auec priuilège || ℭ *On les vend à Angiers en la boutique de Charles de Boingne et Clement Alexandre mar* || *chands libraires iurez de l'Université du dit lieu* || A la fin : ℭ *Fin des annales et cronicques des pays Danjou et du Mai* || *ne. Nouuellement imprimées à Paris par Antoine Cou* || *teau imprimeur. Pour honnestes personnes Char* || *les de Boigne* || *et Clément Alexandre* | *marchans* || *libraires demourans a Angiers. Et fu* || *rent acheuées de imprimer au moys* || *de janvier, l'an mil cinq cens* XXIX (1529), in-fol. goth. de IV et 207 ff., plus un feuillet avec la marque de Galliot du Pré, titre rouge et noir, mar. rouge, fil., dos orné, dent. int., tr. dor.

La marque de Galliot du Pré est remontée.
Exemplaire grand de marges.

201. BOCHERIUS. Caroli Lotharingi Card. et Francisci ducis Guysii, literae et arma, in funebri oratione habita Nancii a N. Bocherio theologo et ab eodē postea latine plenius explicata. His accesserunt utriusque icones et ejusdem Card. Tumulus atque Concio, ab eodem Bocherio latine reddita. *Lutetiæ, F. Morellus*, 1577, figure du tombeau (sans les 2 portraits). — La Conjonction des lettres et des armes... des deux très illustres princes lorrains Charles cardinal de Lorraine, archevesque et duc de Rheims, et François duc de Guyse, frères, tirée du latin de Nicolas Boucher par M. Jacques Tigeste. Ensemble les sages remon | trances et derniers propos du duc de Guyse à la Reyne, à madame sa femme, et mōsieur le prince de Joinville... *Rheims,*

Jean de Foigny, 1579. — Ens. 2 part. en 1 vol. in-4, réglé, veau fauve, dentelle, plats et dos semés de petites fleurs de lis, coins ornés, tr. dor. (*Rel. du* XVIe *siècle*).

Belle reliure aux armes de Charles de LORRAINE, évêque de Metz.

202. LÉGENDE de Domp Claude de Guyse, abbé de Cluny, contenant ses faits et gestes depuis sa nativité jusques à la mort du cardinal de Lorraine ; et des moyens tenus pour faire mourir le Roy Charles neufiesme, ensemble plusieurs princes, grands seigneurs et autres durant le dit temps. *S. l.*, 1581, in-8, mar. bleu, fil., angles fleurdelisés, dos orné et fleurdelisé, dent. int., tr. dor. (*Chambolle-Duru*).

Cruelle satire contre Dom Claude, bâtard de la maison de Guyse, abbé de Cluni qui y est accusé de toutes sortes de malversations, de vices et de crimes.

De Thou l'attribue à Jean Dagonneau qui l'aurait conposé en 1567. On l'attribue aussi, plus vraisemblablement, à Gilbert Regnault, seigneur de Vaux, qui fut pendant plus de 30 ans bailli et juge de Cluni.

203. JOURNAL DES FÊTES données à Marseille, à l'occasion de l'arrivée de Monsieur, frère du Roi, sous la mairie et l'échevinage de messire Louis-Antoine de Cipières, M. Lazare Peirier, M. Joseph Guey ; M[r] Me Jean-Baptiste Richard, M. Lazare Ferrari, M. Pierre-Louis Napollon. *Marseille, A. Favet*, 1777, in-4, mar. rouge, dent. de fleurs, dos orné, dent. int., tr. dor. (*Rel. anc.*).

Aux armes de la ville de Marseille.

---

204. GUYSE (Jacques de). Le premier (second et tiers) volume des || illustrations de la Gaulle Belgique | antiquitez du pays de | Haynnau et de la grād cite de Belges : a present dicte Ba || vay | dont procedent les chaussées de Brunehault. Et || de plusieurs princes q̃ ont régne | 3 fondé plusieurs || villes et citez audit pays | et aultres choses sin || gulieres | et dignes de memoire | aduenues durāt leurs règnes | iusques au duc || Philippes de Bourgongne || dernier decede || ℭ *On les vend à Paris* || *en la*

grand rue Sainct Jacques en || la boutique de François Regnault | marchand libraire iure de || l'Université de Paris | deuant les Mathurins | à l'enseigne de l'eléphant || 1531 (et 1532), 3 parties en 1 vol. in-fol. goth, réglé, à 2 col., figures sur bois, vélin blanc (*Rel. anc.*).

Encadrement aux titres et belle figure sur bois, répétée deux fois.

205. MÉMOIRES DE LA COUR DE VIENNE, ou remarques faites par un voyageur curieux sur l'état présent de cette cour et sur ses intérêts (par Casimir Freschot). *Cologne, Guil. Étienne*, 1705, pet. in-12, mar. bleu, chiffre couronné aux angles répété sur le dos, dent. int., non rog. (*Capé*).

Bel exemplaire, entièrement NON ROGNÉ.

206. RETZ (Cardinal de). La Conjuration du Comte Jean-Louis de Fiesque. *Paris, chez Claude Barbin*, 1665, pet. in-12, mar. rouge, fil., dos orné, dent. int., tr. dor. (*Joly*).

ÉDITION ORIGINALE ; exemplaire avec témoins.

207. IL CARDINALISMO DI SANTA CHIESA, diviso in trè parti (par Gregorio Leti). *S. l.* (*A la Sphère*), 1668, 3 vol., pet. in-12, mar. bleu à longs grains, comp. de fil. à la Du Seuil, dos orné, dent. int., tr. dor. (*Muller-Thouvenin*).

Joli exemplaire de C. Piéters. Cette édition a été imprimée par Daniel Elzevier, d'Amsterdam.

208. THOMASI (Thomas). La Vie de César Borgia, appelé du depuis le duc de Valentinois. Traduite de l'Italien, imprimée à *Monte-Chiaro, chez Jean-Baptiste Vero*, 1671, pet. in-12, mar. brun, jans., dent. int., tr. dor.

Imprimé à Amrterdam, par Blaeu.

209. VERTOT (abbé de). Histoire des révolutions de Suède, où l'on voit les changements qui sont arrivés dans ce royaume au sujet de la religion et du gouvernement. *Paris, Nyon, Didot, Quillau*, 1736, 2 vol. in-12, mar. vert, fil., dos ornés, dent. int., tr. dor. (*Rel. anc.*).

Exemplaire aux armes de MADAME VICTOIRE et avec son ex-libris à l'intérieur des volumes.

210. LA CURNE DE SAINTE-PALAYE (de). Mémoires sur l'ancienne chevalerie, considérée comme un établissement politique et militaire. *Paris, Vve Duchesne*, 1781, 3 vol. in-12, mar. rouge, fil., dent. int., tr. dor. (*Hardy-Mennil*).

Édition augmentée d'une troisième partie, contenant : 1° le Vœu du Héron ; 2° la Vie de Mauny ; 3° le Roman des Trois Chevaliers et de la Canise ; 4° Mémoires historiques sur la chasse, dans les différents âges de la Monarchie.

Bel exemplaire.

211. SAINT-ESPRIT (Ordre du). Discours de l'ordre milice et religion du S. Esprit. Dédié à la royne mère du roy, restauratrice dudit ordre. Contenant une briefve description de l'establissement dudit ordre, par Messire Olivier de La Trau, sieur de La Terradé, archi-hospitalier, général et grand maistre de l'ordre, milice et religion du Sainct Esprit, soubs la règle de Sainct Augustin. Par le commandement de sa majesté. *S. l.*, 1629, 68 pages (et 4 pag. pour l'Attestation touchant la double croix de l'ordre du S. Esprit). — Bref discours sur la différence des Croix d'or, des chevaliers des deux ordres du Roy et des chevaliers hospitaliers de l'ordre du S. Esprit. *Paris*, 1629, 15 pag. — Compendio delli privileggi esentioni et indugenze concesse da diversi Pontefici all'archiospitale di S. Spirito in Sassia di Romae suoi membri. *In Viterbo*, 1584, 61 pag. — Sixti P. P. V. confirmatio privilegiorum archihospitalis sancti Spiritus in Saxia de Urbe. *Romae, apud hæredes Ant. Bladi*, 1588, 48 pag. — Traduction française du Compendio. *A Viterbe*, 1684, 58 pag., etc. — Ens. 6 pièces en 1 vol. in-4, mar. rouge, fil., dent., plats et dos fleurdelisés, tr. dor. (*Rel. anc.*).

Le beau portrait de Marie de Medicis, priant, gravé par *Vosterman*, se trouve répété trois fois dans le volume.

Belle reliure entièrement semée de fleurs de lis.

212. STATUTS (Les) DE L'ORDRE DU St ESPRIT estably par Henry IIIme du nom, roy de France et de Pologne au mois de décembre l'an 1578. (*Paris*). *De l'Imprimerie royale*, 1740, in-4, titre orné, vignettes et culs-de-lampe par S. Le Clerc, mar.

rouge, dent., angles ornés des emblèmes du St Esprit, dos orné de flammes et de fleurs de lis, tr. dor. (*Rel. anc.*).

Bel exemplaire aux armes de Louis XV.

213. STATUTS (Les) DE L'ORDRE DU St ESPRIT estably par Henry IIIme du nom roy de France et de Pologne au mois de décembre l'an 1578. (*Paris*) *De l'Imprimerie royale*, 1788, in-4, titre orné, vignettes et culs-de-lampe par Séb. Le Clerc, mar. rouge, dent., angles ornés des emblèmes du St Esprit, dos orné de flammes et de fleurs de lis, tr. dor., (*Rel. anc.*).

Bel exemplaire aux armes de Louis XVI.

214. EXTRAIT DES TILTRES produits par haut et puissant seigneur messire Noël Bouton, marquis de Chantilly, sgr et baron de St. Léger, d'Osny, Denevy, etc., maréchal de France, gouverneur de Strasbourg, commandant en chef dans les provinces du haut et bas Poitou, Saintonge, et pays d'Aunis, nommé chevalier des ordres du Roy, pour les preuves de sa noblesse. Devant Monsieur le duc de Choiseul, pair de France, chevaliers et commandeurs des ordres du Roy, commissaires députez par lettres patentes du 20 janvier 1705. In-fol., dos et coins mar. vert.

Beau manuscrit de 9 feuillets sur vélin calligraphié avec soin en belle bâtarde. Le texte est encadré d'un filet rouge et or. — Au-dessous du titre, les armes peintes de Noël Bouton. — Dans les marges, laissées très larges à cet effet, se trouvent les armes enluminées des neuf ascendants des Bouton, accolées de celles de leurs femmes. Chaque tête de chapître est écrite en lettres rouges. A la fin, les signatures du maréchal de Choiseul-Francières, de Clairambault et de Phelypeaux.

Ce manuscrit est une généalogie de la famille Bouton jusqu'au 9e degré.

215. LELONG (le P. Jacques). Bibliothèque historique de la France, contenant le catalogue des ouvrages, imprimés et manuscrits qui traitent de l'histoire de ce royaume ou qui y ont rapport ; avec des notes critiques et historiques. Nouvelle édition, revue, corrigée et considérablement augmentée par M. Fevret de Fon-

tette. *Paris, Imprimerie de Jean-Thomas Herissant*, 1768-1778, 5 vol. in-fol., mar. rouge, encad., fil., dos ornés, dent. int., tr. dor. (*Rel. anc.*).

Grand papier.

Les tomes 3 à 5 sont aux armes d'Emmanuel-Armand du Plessis de Wignerot de Richelieu duc d'Aiguillon, ils ont une dentelle sur les plats. Les dos des cinq volumes sont uniformes.

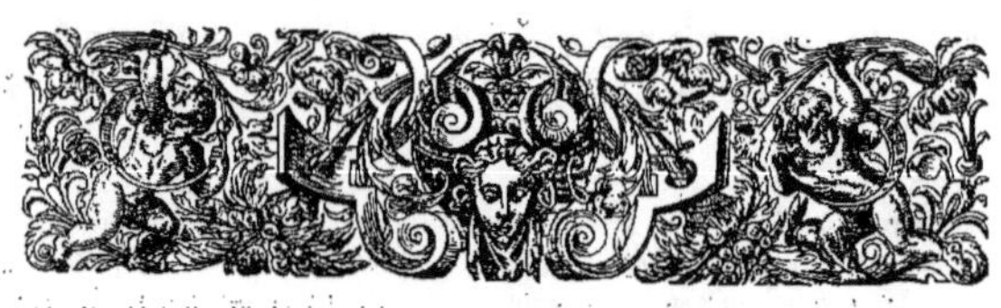

LIVRES ILLUSTRÉS

DU XVIe SIÈCLE AU COMMENCEMENT DU XIXe

LIVRES DES XVIe ET XVIIe SIÈCLES

216. **HEURES DE NOSTRE DAME** translatées de latin en || françoys et mises en ryme. Additionnees de plusieurs chantz || Royaulx figurez et moralisez sur les misteres miraculeux | de la passion de nostre redempteur Jesuchrist. Avec plu || sieurs belles Oraisons ꝛ Rondeaux cōtēplatifz cōpo || sez par Pierre Gringoire dict Vaudemont herault || darmes de Treshault ꝛ vertueux Prince mōsei | gneur le duc de Lorraine, de Bar ꝛ de Cala || bre. Par le cōmendemēt de haulte ꝛ noble || Princesse ma Dame Regnee de bour || bon Duchesse de Lorraine. *On les vend à Paris en la Rue Sainct Jacques en la maison de Jehan petit libraire demourāt a lēscigne de la fleur de lis dor* || , *s. d.* (calendrier de 1528 à 1543), in-4 goth. de 8 ff. prél. pour le titre et le calendrier, de 90 ff. chiff. et de 32 ff. non chiff. pour les *Chantz royaulz*, mar. La Vall., encadrem. de 4 fil. dorés et d'une bande à froid semée de fleurs de lis, milieu orné de comp. de filets dor., droits et courbes, doublés de mar. bleu, dent., gardes de soie bleue, tr. dor. (*Lortic*).

Deuxième édition du livre de Gringoire, avec privilège daté du 15 novembre 1527. Les *Heures* contiennent 13 grandes figures gravées sur bois, dont la dernière porte la double croix de Lorraine.

Les *Chantz royaulx* renferment 7 grandes figures différentes de celles des *Heures*.

Exemplaire du Bon A. de Claye.

217. SEYSSEL. La grād monarchie de France, composée par messire Clavde de Seyssel lors euesque de Marseille et depuis archeuesque de Thurin, adressant au Roy tres chretien, Frācoys premier de ce nom. La loy salicque, premiere loy des françoys. *On les vend en la rue neufue nostre Dame, à l'enseigne Sainct Jehan Baptiste, contre Saincte Geneuiefue des Ardens, par Denis Janot, libraire et imprimeur*, 1541, pet. in-8, réglé, figures, veau marb., fil. et dent., dos orné, tr. marb.

Encadrement entourant le titre et 8 jolies vignettes, le tout gravé sur bois. 7 lettres initiales ont été enluminées.

218. FIGVRES DU NOUVEAU TESTAMENT. *A Lion. Par Jan de Tournes*, 1558, in-8 de 52 ff., mar. bleu, jans., dent. int., tr. dor. (*Duru*).

96 figures sur bois ; au-dessous de chacune se trouve un sixain en français de Ch. Fontaine.

219. COLUMNA. Hypnerotomachie, ou discours du songe de Poliphile, deduisant comme Amour le combat à l'occasion de Polia. Soubz la fiction de quoy l'aucteur monstrant que toutes choses terrestres ne sont que vanité, traicte de plusieurs matières profitables et dignes de mémoire. *Paris, pour Jacques Kerver*, 1561, in-fol., réglé, veau brun (*Rel. anc. fatiguée*).

Exemplaire grand de marges. Cette édition française est ornée de nombreuses et belles figures gravées sur bois.

220. CRONIQVE sommairement traictée des faictz héroïqves de tous les Rois de France et des personnes et choses mémorables de leurs temps (par Georges Bernard, de Roanne). *A Lyon, par Clément Baudin*, 1570, in-8, mar. rouge, jans., dent., tr. dor. (*Thibaron-Echaubard*).

Cette édition, qui renferme 61 portraits gravés sur cuivre, n'est pas citée par Brunet. Toutes les pages sont dans un encadrement gravé sur bois.

221. ENTRÉE DE CHARLES IX A PARIS. Bref et sommaire recueil de ce qui a été faict et de l'ordre tenüe à la joyeuse et

triumphante entrée de tres-puissant, tres magnanime et tres chrestien Prince Charles IX de ce nom Roy de France, en sa bonne ville et cité de Paris, capitale de son royaume, le mardy sixième jour de mars (par S. Bouquet). Avec le couronnement de tres haute... et tres excellente princesse Madame Elizabeth d'Autriche son épouse, le dimanche vingt-cinquième et Entrée de ladicte dame en icelle ville le jeudi XXIX dudict mois de mars 1571. *Paris, de l'imprimerie de Denis du Pré, pour Olivier Codoré*, 1572, 3 part. en 1 vol. in-4, figures sur bois, mar. rouge, dent. int., tr. dor. (*Duru*).

Ces trois parties renferment 16 figures gravées sur bois qui sont d'*Olivier Codoré*.

Exemplaire très court de marges, le titre courant et plusieurs figures sont rognés en tête.

222. JOYEUSE (La) ET MAGNIFIQUE ENTRÉE de Monseigneur Françoys, fils de France et frere unicque du Roy, par la grace de Dieu duc de Brabant, d'Anjou, Alençon, Berri, etc., en sa tres renommée ville d'Anvers. *A Anvers, de l'imprimerie de Christophe Plantin*, 1582, in-fol., figures, veau brun (*Rel. anc.*).

Titre orné, 21 planches gravées sur cuivre qui ont été attribués à *Abraham de Bruyn*.

223. OVIDE. La Métamorphose d'Ovide figurée (huitains en vers françois). *Lyon, Jean de Tournes*, 1583, in-8, figures et encad. du Petit Bernard gravés sur bois, mar. brun, jans., dent. int., tr. dor. (*Thomas*).

L'exemplaire a été numéroté au composteur et l'une des figures est coloriée.

224. AMMAN (J). Cleri totius Romanae Ecclesiae subjecti, seu pontificorum ordinum omnium omnino utriusque sexus, habitus, artificioss. figuris quibus Francisci Modii singula ostosticha adjecta sunt, nunc primum a Judoco Ammanno expressi : neque unquam antehac similiter editi (114 ff. non chif.). Addito libello singulari ejusdem Modii, in quo cujusque ordinis ecclesiastici origo, progressus et vestitus ratio breviter ex variis historicis delineatur (16 ff. non chiff.). *Francoforti, sumptibus Sigismundi*

Feyrabendii, 1585, 2 part. en 1 vol. in-4, mar. rouge, fil., dos orné, dent. int., tr. dor. (*Hardy-Mennil*).

102 figures de *Jost Amman*, gravées sur bois, en premier tirage.

225. ENTRÉE DE HENRI IV A LYON. Les deux plus grandes, plus célèbres et memorables resiovissances de la ville de Lyon. La première pour l'entrée de très-grand, tres-chrestien, très victorieux prince Henri IIII, roy de France et de Navarre. La seconde, pour l'heureuse publication de la paix, avec le cours et la suite des guerres entre les deux maisons de France et d'Autriche (par P. Mathieu). *Lyon, Thibaud Ancelin*, 1598, 2 part. en 1 vol. in-4, demi rel., mar. rouge.

1 portrait de Henri IV, 2 grandes planches gravées, l'une représentant l'entrée avec tout le cérémonial, l'autre le feu d'artifice tiré sur la Saône. Cette dernière est remontée.

226. ICONES SANCTORUM, in singulos anni dies, cum elogiis et indice chronologico per Cleopham Distelmair cathedralis ecclesiae Augustanae ceremoniarum ministrum, in lucem datae. *Mauritius Mittnacht excud. Augustae Vindelicorum*, 1610, pet. in-8, mar. rouge, compartiments de fil., plats et dos ornés à petits fers, large dent. int., tr. dor. (*Capé*).

Édition ornée de 48 planches gravées sur cuivre, contenant, chacune, 9 figures.

227. COSTUMES MILITAIRES, du règne de Louis XIII à la Révolution. Recueil factice de 60 costumes divers, en noir et en couleurs. En 1 vol. in-fol. demi rel. mar. à longs grains, dos orné.

Intéressant recueil composé des pièces suivantes :

8 pièces « uniformes d'une compagnie des gardes françaises à la fin du règne de Louis XIII ».

6 pièces gravées par Bonnart, J. de Saint Jean, Mariette : *capitaine-lieutenant aux Gardes, officier du Roy, officier en manteau, garde du Corps du Roy, suisse du Roy.*

18 pièces tirées des Recueils d'Eisen et de La Rue.

1 aquarelle d'après Hoffmann, *Garde de la Porte* en petit uniforme.

2 pièces, Garde française 1785.

1 pièce gravée par Baudouin. *Officier en costume de guerre.*

1 dessin à l'encre de Chine. *Officier posé sur l'Esponton*, copie de la pl. 63 du *Maniement d'armes*.

1 aquarelle, *Ancien caporal des Gardes françaises* (1750).

1 aquarelle, *Dragon de la Morlière à cheval.*

2 pièces. *Régiment royal de cavalerie* (1767).

8 aquarelles. Dragons chasseurs de Conflans, Régiment de Guyenne. Volontaires de Cambefort, de Soubise, etc.

2 aquarelles : Guyenne, Viennois, Cambresis, Forez, Béarn, Agenois, etc., etc.

228. COURSES DE TESTES ET DE BAGUE faittes par le Roy et par les princes et seigneurs de sa cour en l'année 1662 (rédigé par Ch. Perrault, avec une relation en vers latins par Fléchier). *Paris, Imp. roy.*, 1670, in-fol. mar. rouge, fil. et large dent., dite du Louvre sur les plats, dos orné, dent. int., tr. dor. (*Rel. anc.*).

Très bel exemplaire, aux armes de Louis XIV.

Beau volume orné de 96 planches par *Israel Silvestre* et *Chauveau*, représentant l'itinéraire du cortège, les figurants des différents quadrilles et le carrousel.

229. CAMERARII (Joachimi) medici V. Cl. Symbolorum et emblematum centuriae tres. I. Ex herbis et stirpibus. II. Ex animalibus quadrupedibus III. Ex volatilibus et insectis. Editio secunda auctior et accuratior. Accessit noviter centuria IV, ex aquatilibus et reptilibus. Cum figuris aeneis (*Norimbergae*). *Typis Voegelinianis*, 1605, in-4, de 6 ff. prél., 102, 104, 102 et 101 ff. plus 4 ff. prél. non chiff., figures d'emblèmes, mar. rouge à longs grains, fil. et dent., dos orné de fil. et rosaces, dent. int., tr. dor. (*Bozerian jeune*).

Cet ouvrage se compose de 4 parties (réunies sous un titre général) qui avaient paru successivement et avec des titres particuliers en 1590, 1595, 1596 et 1604.

400 emblèmes très finement gravés à l'eau-forte, ils sont en PREMIER TIRAGE.

230. CAMERARII (Georgii) Emblemata amatoria. *Venetiis, sumpt. P.-P. Tozzii* (In fine :). *Venetiis, 1627, ex Typographia Sarcinea*, pet. in-8, oblong, mar. rouge, jans., dent. int., tr. dor. (*Trautz-Bauzonnet*).

Joli exemplaire de ce petit livre orné d'un titre et de 80 figures d'emblèmes, finement gravés sur cuivre.

231. OFFICIUM BEATAE MARIAE VIRGINIS, nuper reformatum, et Pii V. Pontificis Maximi iussu editum. *Antuerpiae, ex officina Plantiniana, Balthasaris Moreti,* 1652, in-4, figures, mar. rouge, comp. de fil., fleurons aux angles, dos orné, tr. dor. (*Rel. anc.*).

55 belles figures hors texte gravées en taille-douce.

Exemplaire avec les armes et le chiffre de FR. RICCARDI DE VERNACCIA, ajoutés sur la reliure.

232. ENTRÉE TRIOMPHANTE (L') de leurs Majestez Louis XIV roy de France et de Navarre et Marie-Thérèse d'Austriche, son espouse, dans la ville de Paris, capitale de leur royaume, au retour de la signature de la paix générale et de leur heureux mariage. Enrichie de plusieurs figures, des harangues et de diverses pièces considérables pour l'Histoire. Le tout exactement recueilly par l'ordre de Messieurs de ville et imprimée l'an 1662. *A Paris, chez P. Le Petit, Th. Joly, L. Bilaine,* in-fol., veau br. (*Rel. anc.*).

Frontispice par *Chauveau*, portrait de Louis XIV, d'après *Mignard* gravé par *P. Van Schuppen*, dédicace gravée, 21 planches (simples et doubles), par *C. Le Brun, Jean Marot, Flamen, Le Paultre* et 1 plan.

Piqûres de vers dans les marges et petites cassures raccommodées.

233. OVIDE (Métamorphoses d') en rondeaux (par Isaac Benserade), imprimez et enrichis de figures par ordre de Sa Majesté et dédiez à Monseigneur le Dauphin. *A Amsterdam, chez Abraham Wolfgang,* 1679, in-12, mar. rouge, fil., dos orné, dent. int., tr. dor. (*Chambolle-Duru*).

Édition recherchée, ornée de figures à mi-page, de *Van Hagen*, copies des figures de l'édition de Paris, par S. Le Clerc, Chauveau et Le Paultre.

234. KRAUSSE (Joh. Ulric). Historische Bilder-Bibel... (scilicet) Histoire de la Bible, représentée en figures, avec une explication en vers allemands. *Augspurg,* 1694-1700, 6 part. en 1 vol. in-fol., veau jaspé, comp. de fil. et dent., dos orné, dent. int., tr. dor. (*Rel. anc.*).

6 titres et dédicace gravés, portrait de Léopold Ier, auquel l'ouvrage est dédié.

165 planches (numérotées 1-135 ; 1-30).

Dans le même volume, du même auteur et artiste : Histoire de la Bible en figures, avec légendes tirées de l'Ancien et du Nouveau Testament, divisée en cinq parties, de la Genèse à l'Apocalypse, 188 figures à 4 sur la même planche.

LIVRES ILLUSTRÉS DU XVIIIe SIÈCLE ET DES PREMIÈRES ANNÉES DU XIXe

Recueils d'ornements.

235. ALMANACH DES MODES. *Paris, Rosa,* 1817 et 1821, 2 vol. in-18, mar. rouge à longs grains, fil. et dent., dos orné, fil. int., tr. dor. (*Rel. de l'époque*).

Exemplaires très frais, contenant, chacun, 1 titre gravé et 6 planches de modes, coloriés.

Quatrième et huitième années.

236. ALMANACH GÉOGRAPHIQUE, ou petit atlas élémentaire composé de cartes générales et particulières des différents empires, royaumes et républiques de l'Europe et des autres parties de la terre, etc. *Paris, chez Desnos,* 1771, in-24, mar. rouge, fil., dos orné, dent. int., tr. dor. (*Rel. anc.*).

1 front., 1 titre et 15 petites cartes gravées coloriées.

237. ARIOSTE. Roland furieux, poëme héroïque, de l'Arioste. Traduction nouvelle, par M. d'Ussieux. *A Paris, chez Brunet,* 1775-1783, 4 vol. in-4, portrait par Eisen, et 92 figures par Cochin, Eisen, Moreau, Monnet, Cipriani, gravées par de Launay, Duclos, Bartolozzi, Choffard, Duclos, de Ghendt, Lingée, Ponce, etc., mar. rouge, fil., dos orné, dent. int., tr. dor. (*Rel. anc.*).

Très bel exemplaire dans une reliure fraîche.

Les 92 figures sont en épreuves avant la lettre.

238. BERNARD. Œuvres de P. J. Bernard, ornées de gravures d'après les desseins de Prud'hon ; la dernière estampe gravée par lui-même. *Paris, P. Didot l'aîné,* 1797, an V, in-4, papier vélin, dos et coins mar. bleu, fil., dos orné, tête dor., non rogné.

4 figures par *Prudhon,* gravées par *Prudhon, Beisson* et *Copia.*
Exemplaire NON ROGNÉ.

239. **BERQUIN**. Œuvres complètes. Nouvelle édition, rangée dans un meilleur ordre. *Paris, Renouard,* 1803, 17 tomes en 19 vol. in-12, grand papier vélin, cuir de Russie, comp. de fil. et dent. à froid, dos orné de fil., dent. int. non rog. (*Purgold*).

Exemplaire de Renouard, contenant en tout 768 pièces, dont 337 DESSINS ORIGINAUX, en partie non gravés, savoir : 211 dessins originaux à la sépia et à la plume par *Borel.* — 104 par *Monnet, Marillier, Le Barbier, Monsiau.* — 22 par *Adèle Sauvan* qui n'ont jamais été gravés. Les *Idylles et romances,* seules, en contiennent 36 par *Borel, Marillier* et *Le Barbier.*

On a ajouté aux gravures de l'édition une grande quantité de figures par *Marillier, Moreau,* etc., à l'état d'EAUX-FORTES, avant ou avec la lettre.

Cet exemplaire provient de la vente Lebœuf de Montgermont où il a été adjugé 6999 francs.

240. BERQUIN. Idylles. Second recueil. *Paris, Ruault,* 1775, in-12, figures, mar. bleu, fil., dos orné, dent. int., tr. dor. (*Champs*).

Titre gravé et 12 figures de *Marillier,* gravées par *Gaucher, de Ghendt, Le Gouaz,* etc., etc.

241. BERQUIN. Romances, par M. Berquin. *Paris, Ruault,* 1776, in-12, frontispice et 4 figures par Marillier, gravés par Delaunay et Ponce, mar. bleu, fil., dos orné, dent. int., tr. dor. (*Champs*).

Exemplaire de PREMIER TIRAGE contenant 4 romances ; il est imprimé sur PAPIER DE HOLLANDE, et contient les figures AVANT les numéros.

242. BILLARDON DE SAUVIGNY (E.). Les Après soupers de société, petit théâtre lyrique et moral sur les aventures du jour. *A Sybaris et à Paris, chez l'auteur,* 1783, 23 cahiers en 6 vol. in-18, veau fauve, fil., dos orné, dent. int. (*Rel. anc.*).

28 figures par *Eisen, Binet* et *Martinet* gravées par *Aliamet, Berthet, de Launay, de Longueil, Martinet,* etc.

Le titre gravé du tome 1er porte : *Nouvelle édition, à Paris chez l'auteur.*

243. BIRCH (Th.). The Heads of illustrious persons of Great Britain, engraven by Mr. Houbraken and Mr. Vertue, with their lives and characters, by Thomas Birch. A. M. F. R. S. *London, John and Paul Knapton,* 1743, in-fol., veau écaille, comp. de dent., fleurons aux angles, milieu orné d'un grand compart. mosaïqué de veau brun, avec une grande étoile de vélin vert et veau brun, coins ornés de cœurs de vélin vert, feuillages et petites fleurs dor., dos orné, dent. int. et sur les tranches, tr. dor. et cisel. (*Rel. anc.*).

80 beaux portraits en excellentes épreuves.

244. BITAUBÉ (Paul-Jér.). Joseph, par M. Bitaubé. *Paris, de l'Imp. de Didot l'aîné,* 1786, pet. in-8, port. gr. par St-Aubin d'après Cochin et 9 fig. de Marillier, veau bleu foncé, encad. de 5 fil., angles et dos ornés, dent. int., tr. dor. (*Rel. de l'époque romantiq.*).

Exemplaire imprimé sur PAPIER VÉLIN, contenant les 9 figures AVANT la lettre; on y a ajouté un portrait de Bitaubé en médaillon, DESSIN à la sépia, non signé.

245. **BOCCACE** (Jean). Le Decaméron de Jean Boccace. *Londres* (*Paris*), 1756-1761, 5 vol. in-8, mar. rouge, fil., dos orné, tr. dor. (*Rel. anc.*).

5 frontispices, 1 portrait, 110 figures et 97 culs-de-lampe, par *Gravelot, Boucher, Cochin* et *Eisen.*

Bel exemplaire contenant la suite des 20 figures galantes avec leur titre gravé.

246. BOCCACE (Jean). Contes. Traduction nouvelle, augmentée de divers contes et nouvelles en vers imités de ce poète célèbre, par La Fontaine, Passerat, Vergier, Perrault, Dorat et autres, etc., par A. Sabatier de Castres. *Paris, Poncelin, an X,* 1801, 11 vol. in-12, dos et coins mar. orange, fil., dos orné, tr. marb. (*Gaillard*).

Frontispices et figures de *Boucher, Cochin, Eisen* et *Gravelot.*

247. BOUFFLERS. Œuvres de M. le chevalier de Boufflers. Nouvelle édition, augmentée de plusieurs morceaux qui n'ont pas

encore paru dans les précédentes. Avec figures. *Paris, F. Dufart*, 1795, an III, in-18, 4 figures non signées, mar. rouge, dent., dos orné, tr. dor. (*Rel. anc.*).

Exemplaire imprimé sur PAPIER VÉLIN, contenant les figures AVANT la lettre.

248. BRETON. La Chine en miniature, ou choix de costumes, arts et métiers de cet empire. Représentés par 74 gravures, la plupart d'après les originaux inédits du Cabinet de feu M. Bertin, accompagnés de notices explicatives, historiques et littéraires. *Paris, Nepveu*, 1811-1812, 6 vol. in-18, mar. rouge à grains longs, dent., dos orné, dent. int., tr. dor. (*Simier*).

Un des 60 exemplaires imprimés sur PAPIER VÉLIN contenant les 2 volumes supplémentaires publiés en 1812. Ces 6 volumes renferment 103 figures coloriées avec soin.

Reliure de *Simier*, très fraîche dans le genre des reliures de Bozérian.

249. BRETON. Le Japon, ou mœurs, usages et costumes des habitants de cet Empire, d'après les relations récentes de Krusenstern, Langsdorf, Titzing, etc., suivi de la relation du voyage et de la captivité du capitaine russe Golownin. Ouvrage orné de 51 gravures, dont plusieurs d'après des peintures japonaises inédites. *Paris, A. Nepveu*, 1818, 4 vol. in-18, mar. rouge à longs grains, dent., dos orné et mosaïqué, dent. int., tr. dor. (*Rel. anc.*).

Exemplaire imprimé sur PAPIER VÉLIN, contenant les figures coloriées.

Reliure dans le genre de Bozérian.

250. CASTELLAN (A. L.). Mœurs, usages, costumes des Othomans et abrégé de leur histoire Avec des éclaircissements tirés d'ouvrages orientaux, et communiqués par M. Langlès, ouvrage orné de soixante-douze planches. *Paris, Nepveu*, 1812, 6 vol. in-18, mar. rouge à grains longs, dent. et comp. de fil., dos orné, doublés et gardes de moire verte avec dent., tr. dor. (*Thouvenin*).

Exemplaire imprimé sur PAPIER VÉLIN, contenant les figures en 2 états : noires et coloriées.

Reliure très fraîche, dans le genre de Bozérian.

251. CAZOTTE. Ollivier, poëme (en prose). *Paris, P. Didot l'aîné, an VI*, 1798, 2 vol. in-18, mar. olive, dent. XVIIIe siècle, à petits fers, dos orné, dent. int., tr. dor. (*H. Gaillard*).

12 figures de *Lefebvre* gravées par *Godefroy*.

Exemplaire imprimé sur PAPIER VÉLIN contenant les figures en deux états : AVANT et avec la lettre.

252. CERVANTÈS. Suite de 1 portrait de Coypel gravé par Balechou et 31 figures par Coypel, Tremollières, Le Bas, Cochin, Boucher, gravées par Surugue, Aubert, Ravenet, Joullain, etc. pour illustrer « *Don Quichotte* ». *A Paris, chez Surugue, s. d.* (1723-24), in-fol., mar. rouge, comp. de fil. à la Du Seuil, dos orné, dent. int., tr. dor. (*Chambolle-Duru*).

Belle suite grande de marges et en premières épreuves, elles sont montées sur onglets.

253. CERVANTÈS. Histoire de l'admirable Don Quichotte de la Manche, traduite de l'espagnol de Michel de Cervantes (et Nouvelles). Enrichies des belles figures dessinées de Coypel et gravées par Folkéma et Fokke. *Amsterdam et Leipzig, Arkstée et Merkus*, 1768, 8 vol. in-12, port. et 43 figures, mar. rouge, dent., dos orné, dent. int., tr. dor. (*Rel. anc.*).

Joli exemplaire dans une reliure genre Bradel-Derome, de la plus grande fraîcheur.

254. COLLECTION CAZIN (De la). 11 vol. in-18, mar. rouge, fil. et dent., dos orné, tr. dor. (*Rel. anc.*).

BOILEAU. Œuvres choisies, 1777, 2 vol. portrait. — CARTEROMACO. Richardet, poème traduit de l'italien en vers français par A. F. Duperrier-Dumouriez, père du général, 1781, 2 vol., titres ornés par Duponchel. — DUCLOS. Considérations sur les mœurs de ce siècle, 1784, portrait par Cochin. — MAYER (de), Geneviève de Cornouailles et le damoisel sans nom, roman de chevalerie, 1784, frontispice par Duponchel. — PIRON. Œuvres choisies, 1777, 2 vol., portrait par de Launay d'après Caffiery. — RETRAC (abbé de). Hymne au soleil, 1781, port. par de Launay. — VERNES (fils). Poésies. 1786, frontispice non signé. — VILLETTE (de). Œuvres, 1782, frontispice par Chevaux.

255. CONTES ET POÉSIES du C. Collier, commandant-général des Croisades du Bas-Rhin. *A Saverne*, 1792, 2 tomes en 1 vol. in-16, mar. vert, fil., dos orné, dent. int., tr. dor. (*Marius Michel*).

Ces contes gaillards ont été donnés sous le nom du (Cardinal) Collier, par allusion au cardinal de Rohan qui s'était trouvé compromis dans la déplorable affaire du Collier ; 4 figures ajoutées.

256. COSTUMES. Recueil de tous les costumes des ordres religieux et militaires. Avec un abrégé historique et chronologique. Enrichi de notes et de planches coloriées par M. Bar. *Paris, Lamy*, 1778-1798, 6 vol. in-fol., cartonnés.

Très bel exemplaire NON ROGNÉ, dans le cartonnage de l'époque.

6 frontispices et 606 planches coloriés avec soin. Beaucoup de planches contiennent plusieurs figures.

257. COSTUMES. Recueil de costumes : hollandais, allemands, hambourgeois, slaves, livoniens, d'esquimaux, africains, chinois, 90 dessins en 2 vol. in-4, mar. rouge, dont l'un avec fil. et fleurons, l'autre avec plats entièrement ornés de petits fers, milieux ornés, dent., dos orné, tr. dor. (*Rel. anc.*).

Recueil de 90 dessins à l'aquarelle exécutés à la fin du XVIIIe siècle, montés sur bristol et remboîtés dans deux reliures anciennes ; ils ne portent aucune signature.

258. COSTUMES CHINOIS. 16 aquarelles en 1 vol. in-fol., demi-rel., bas. verte.

Jolies aquarelles de la fin du XVIIIe siècle sur papier de Chine, elles représentent des costumes d'hommes et de femmes de diverses classes de la société chinoise.

259. COSTUMES SUISSES. Recueil de 22 planches de costumes. En 1 vol. in-4, cartonn. demi-toile.

Beau recueil de costumes gravés au trait et peints avec un soin tout particulier. Il a été publié à Berne chez J.-J. Bourgdorfer.

Exemplaire du comte de La Bédoyère.

260. CRÉBILLON. Œuvres complètes. Nouvelle édition, augmentée et ornée de belles gravures. *A Paris, chez les libraires asso-*

ciés, 1785, 3 vol. in-8, figures, veau rac., pet. dent., dos orné, tr. dor. (*Rel. anc.*).

Portrait d'après *La Tour*, par *Ingouf* et 9 figures de *Marillier* gravées par *Ingouf, Macret, Trière, Duponchel, Dambrun.*

261. DEJABIN. Collection générale des portraits de MM. les Députés à l'Assemblée nationale de 1789. Dédiée à la Nation et présentée à l'Assemblée nationale par le sieur Dejabin et gravée d'après les dessins de plusieurs élèves de l'Académie royale de peinture et sculpture, sous sa direction. *A Paris, chez les sieurs Dejabin et Beljambe, s. d.*, 5 vol. in-4, dos et coins veau brun (*Rel. anc.*).

Collection de 500 portraits gravés par *Beljambe, Courbe, Letellier, Malbeste, Massard, Masquelier jeune, Voyez jeune*, d'après les dessins de *Labadye, Isabey, Moreau le jeune, Perrin.*

Collection rare aussi complète.

262. DEMOUSTIER (C.-A.). Lettres à Émilie sur la mythologie. *Paris, Renouard*, 1809, 6 parties en 2 vol. in-8, figures, mar. orange, fil., dos orné, dent. int., tr. dor. (*Cuzin*).

Très bel exemplaire imprimé sur PAPIER VÉLIN contenant la suite des 36 figures de *Moreau* en deux états : AVANT et avec la lettre. Le portrait de Demoustier gravé par *Tardieu* d'après *Pajou* est en double épreuve avec la lettre.

On y a ajouté le portrait de Demoustier, gravé par *Gaucher* d'après *Ducreux.*

263. DESCRIPTION DES FESTES données par la ville de Paris, à l'occasion du mariage de Madame Louise-Élisabeth de France, et de Dom Philippe, infant et grand amiral d'Espagne, les vingt-neuvième et trentième août mil sept cent trente-neuf. *A Paris, Le Mercier*, 1740, gr. in-fol., mar. rouge, fil. et dent., fleurs de lis aux angles, dos orné, dent. int., tr. dor. (*Rel. anc.*).

Aux armes de la ville de Paris. 12 planches ou plans, dont 7 doubles par *Blondel, Gabriel, Salley*, etc., et 22 pp. de texte avec une grande vignette (Joute sur la Seine).

Il manque une planche double (Pl. 6).

264. DESCRIPTION DES CÉRÉMONIES et des fêtes qui ont eu lieu pour le couronnement de Leurs Majestés Napoléon, empereur des Français et roi d'Italie, et Joséphine, son auguste épouse. Recueil de décorations exécutées dans l'Église de Notre-Dame de Paris, et au Champ de Mars, d'après les dessins et sous la conduite de C. Percier et de P. F. L. Fontaine, architectes de l'Empereur. *Paris, chez Leblanc,* 1807, in-fol., mar. rouge, large dent., titre sur le premier plat, dos orné, doublé de tabis bleu, tr. dor. (*Rel. anc.*).

Précieux exemplaire ayant appartenu à M. Destailleur et indiqué au catalogue de sa vente comme provenant de la bibliothèque de Napoléon Ier.

Les 11 planches, à l'état d'eaux-fortes, ont été peintes et rehaussées d'or par Percier et constituent ainsi autant de dessins originaux.

265. DESFONTAINES. Les Bains de Diane, ou le Triomphe de l'Amour, poème. *Paris, Costard,* 1770, in-8, figures, veau marb., tr. rouges. (*Rel. anc.*).

1 titre par *Marillier,* gravé par de *Ghendt* et 3 figures par *Marillier,* gravées par *Massard, Ponce* et *Voyez l'aîné.*

266. DESMARAIS (Jérémie), poëme en quatre chants, avec sa prière et sa lettre aux captifs prêts à partir pour Babylone. Dédié à Madame... Ouvrage orné de figures en taille-douce. *Paris, G. Desprez,* 1771, in-8, mar. rouge, fleurons aux angles, dos orné à petits fers, tr. dor. (*Rel. anc.*).

6 figures par *P. Le Clerc,* gravées par *Delvaux, Macret, Miger, Pepin* et *Saillard.*

Très bel exemplaire de dédicace aux armes de Madame Elisabeth.

267. DESTOUCHES. Œuvres dramatiques. Nouvelle édition, précédée d'une notice sur la vie et les ouvrages de cet auteur. *Paris, Lefèvre,* 1811, 6 vol. in-8, figures, veau marb., dent., dos orné, dent. int., tr. dor. (*Ducastin*).

Portrait par *Choquet,* gravé par *Macret* et 10 figures par *Laffitte,* gravées par *Ribault, Langlois, Delvaux, Villerey, Delignon,* etc.

Curieuses reliures de Ducassin dont tous les plats sont ornés de plantes à grands feuillages réservées dans le veau. La décoration de chaque plat est différente.

268. DORAT. Les Tourterelles de Zelmis, poème en trois chants, par l'auteur de Barnevelt. *S. l., n. d.* (*Paris,* 1766), titre-frontispice, figure, vignette et cul-de-lampe par Eisen, gravés par de Longueil et Aliamet. — PEZAY (marquis de). Zélis au bain, poème en quatre chants. *Genève, s. d.* (1763), titre par Eisen, gravé par Lemire, 4 figures, 4 vignettes et 4 culs-de-lampe par Eisen, gravés par Aliamet, Lafosse, Lemire et de Longueil. Ens. 2 ouv. en 1 vol. in-8, mar. rouge, milieu orné d'un médaillon contenant 2 tourterelles abritées sous des guirlandes, pet. dent., dos orné (*Rel. anc.*).

Très bel exemplaire imprimé sur papier de Hollande.

269. **DORAT.** Les Baisers, précédés du mois de mai, poème. *A La Haye et se trouve à Paris, chez Lambert et Delalain,* 1770, in-8, front., figure et vignettes d'Eisen, mar. rouge, dos orné, tr. dor. (*Rel. anc.*).

Très bel exemplaire imprimé sur GRAND PAPIER DE HOLLANDE ; bonne reliure de l'époque.

Les *Baisers* sont suivis des *Imitations de poëtes latins.*

270. DORAT. Lettres d'une chanoinesse de Lisbonne à Melcour, officier françois, précédées de quelques réflexions. *La Haye et Paris, Lambert,* 1770, in-8, figures, mar. rouge, fil. et petits fleurons aux angles, dos orné, dent. int., tr. dor. (*Rel. anc.*).

Bel exemplaire dans une reliure ancienne très fraîche. Livre illustré d'une figure, d'une vignette et d'un cul-de-lampe par *Eisen*, gravés par *Massard.*

271. **DORAT.** Fables nouvelles. *A La Haye et Paris, Delalain,* 1773, 2 tomes en 1 vol. gr. in-8, 2 front., 1 fig. répétée 2 fois, fleuron, 99 vignettes et 99 culs-de-lampe de Marillier, mar. rouge, fil., dos orné, dent. int., tr. dor. (*Rel. anc.*).

Bel exemplaire imprimé sur GRAND PAPIER DE HOLLANDE, dans une bonne reliure de l'époque.

272. DORAT. Fables nouvelles. *A La Haye et Paris, Delalain,* 1773, 2 tom. en 1 vol. in-8, frontispices, figures, vignettes et culs-de-lampe de Marillier, mar. bleu, large dent. XVIIIe siècle à petits fers, dos orné, dent. int., tr. dor. (*Belz-Niedrée*).

Exemplaire imprimé sur GRAND PAPIER.

273. DORAT, PEZAY, DU ROSOI et autres. Recueil de pièces

diverses, 1764-1766, en 4 vol. gr. in-8, figures, veau écaille, fil., dos orné, tr. dor. (*Rel. anc.*).

Tome I. — Zélis au bain (par le marquis de Pezay), poème en 4 chants. *Genève*, 1763, 1 titre, 4 fig., 4 vig. et 4 culs-de-lampe par Eisen. — Le Pot-pourri (par le même). *Genève et Paris, Jorry*, 1764, 2 fig., 2 vig. et 2 culs-de-lampe par Eisen. — Lettre de Barnevelt, dans sa prison, à Truman, son ami (par Dorat). *Paris, Jorry*, 1764, 1 fig., 1 vig., 1 cul-de-lampe, par Eisen. — Lettre de Zeila, jeune sauvage, esclave à Constantinople, à Valcour (par le même). *Paris, Jorry*, 1764, 1 fig., 1 vig., 1 cul-de-lampe, par Eisen. — Lettre du comte de Comminges à sa mère (par le même). *Paris, Jorry*, 1764, 2 fig., 2 vig., 2 culs-de-lampe par Eisen. — Lettre d'Alcibiade à Glicère, bouquetière d'Athènes, suivie d'une lettre de Vénus à Pâris et d'une épître à la Maîtresse que j'aurai (par le même). *Genève et Paris, Jorry*, 1764, 1 fig., 3 vig. et 2 culs-de-lampe par Eisen. — Lettre de Caïn après son crime à Méhala, son épouse (par le même). *Paris, Jorry*, 1765, 1 fig. par Eisen.

Tome II. – Les Dévirgineurs et Combabus, contes en vers (par Dorat). *Amsterdam (Paris)*, 1765, 2 fig. par Eisen. — Lettre de lord Velford à milord Dirton, son oncle (par Costard). *Paris, L'Esclapart*, 1765, 2 fig, 1 vig. et 1 cul-de-lampe par Eisen. — Lettre de Pétrarque à Laure (par Romet). *Paris, Jorry*, 1765, 1 fig. par Gravelot. — Flotte (de) L'Hopital des Fous, trad. de l'anglois (de Walsh), 1765, 1 fig., 1 vig, 1 cul-de-lampe, gravés par Delafosse.

Tome III. — Du Rosoi. Les Sens, poème en six chants. *Londres (Paris)*, 1766, 7 fig., 6 vig. et culs-de-lampe par Eisen et Wille. — Les Tourterelles de Zelmis (par Dorat). (*Paris* 1766) 1 titre-frontispice, 1 fig., 1 vig. et 1 cul-de-lampe par Eisen.

Tome IV. — Lettres en vers, ou épîtres héroïques et amoureuses (par Dorat). *Paris, Jorry*, 1766, 1 frontis., 4 vig. et 4 culs-de-lampe par Eisen. — Réponse de Valcour à Zeïla (par le même). *Paris, Jorry*, 1766, 1 fig., 1 vig., 1 cul-de-lampe, par Eisen. — Lettre de Julie, fille d'Auguste, à Ovide (par le marquis de Pezay). *Genève et Paris, Bauche*, 1766, 1 vig., 1 cul-de-lampe par Eisen. — Lettre de Caton d'Utique à César (par Parmentier). *Paris, Lambert*, 1766, 1 fig. par Gravelot. — Épître à Catherine II, impératrice de toutes les Russies (par Dorat). *Paris, Jorry*, 1765, 1 vig. et 1 cul-de-lampe, par Eisen.

Recueil imprimé sur GRAND PAPIER DE HOLLANDE ; très belles épreuves des figures.

274. DUCLOS. Acajou et Zirphile, conte. *A Minutie*, 1744, in-4, figures, veau jaspé, fil., dos orné, tr. marb. (*Rel. anc.*).

1 front. et 9 fig. par *Boucher*, gravées par *Chedel*, 1 fleuron sur le titre, 1 vignette et 1 cul-de-lampe gravés par *Duflos*.

275. DU ROSOI. Les Sens. poème en six chants. *Londres* (Paris), 1766, 7 figures et 6 vignettes par Eisen et Wille, 2 culs-de-lampe par Eisen, gravés par de Longueil. — PEZAY (marquis de). Zélis au bain, poème en quatre chants. *Genève, s. d.* (1763), titre par Eisen gravé par Lemire, 4 figures, 4 vignettes et 4 culs-de-lampe par Eisen, gravés par Aliamet, Lafosse, Lemire et de Longueil. Ens. 2 ouv. en 1 vol. in-8, figures, mar. rouge, fil., fleurons aux angles, dos orné à petits fers, tr. dor. (*Rel. anc.*).

Bel exemplaire malgré quelques feuillets un peu roux.

276. ÉRASME. L'Éloge de la folie, trad. du latin d'Érasme par M. Gueudeville. Nouvelle édition, revue et corrigée sur le texte de l'édition de Basle. Orné de nouvelles figures. Avec des notes (par Meunier de Querlon). *S. l.* (*Paris*), 1751, in-4, figures, veau marb., fil., dos orné, tr. rouges (*Rel. anc.*).

Exemplaire en GRAND PAPIER tiré de format in-4.

Livre orné d'un front., 1 fleuron sur le titre, 13 estampes, 1 vignette, 1 cul-de-lampe par *Eisen*, gravés par *Aliamet, de la Fosse, Flipart*, etc.

277. FAVRE (de). Les Quatre heures de la toilette des dames, poëme érotique en quatre chants dédié à Son Altesse sérénissime Madame la princesse de Lamballe. *Paris, J. Fr. Bastien*, 1779, gr. in-8, dos et coins mar. rouge, tête dor., non rog.

Frontispice, vignette en tête de la dédicace, 4 figures et 4 culs-de-lampe par *Leclerc*, gravés par *Arrivet, Halbou, Legrand, Leroy* et *Patas*.

Exemplaire de PREMIER TIRAGE sur GRAND PAPIER DE HOLLANDE, auquel on a joint 2 portraits (modernes) de la princesse de Lamballe, par *Cook* d'après *Gauci*, et par *Hopwood* et *Goutière*.

278. FÉNELON. Les Avantures de Télémaque, fils d'Ulysse, par feu messire François de Salignac La Mothe Fénelon. Nouvelle édition, conforme au manuscrit original et enrichie de figures en taille-douce. *A Amsterdam, chez Wetstein et Smith*, 1734, in-fol., front., figures, fleuron, vignettes et culs-de-lampe par B. Picart, Debrie et Dubourg, portrait par Drevet, mar. rouge à longs grains, comp. de dent. sur les plats, dos orné à petits fers, dent. int., doublé de tabis bleu, tr. dor. (*Rel. anc.*).

Superbe exemplaire dans une reliure très fraîche. Un des 150 tirés de format in-fol. avec texte encadré ; il contient l'Ode en vers qui fut supprimée par ordre de la Cour.

279. FÉNELON. Les Aventures de Télémaque, fils d'Ulysse. Nouvelle édition, conforme au manuscrit original et enrichie de figures en taille-douce. *Amsterdam, J. Wetstein et G. Smith* ; 1734, in-4, front., figures, fleurons, vignettes et culs-de-lampe par B. Picart, Debrie et Dubourg, port. par Drevet, mar. rouge, fil., dos orné, dent. int., tr. dor. (*Rel. anc.*).

Bel exemplaire de M. E. Quentin-Bauchart contenant également l'Ode en vers.

280. FÉNELON. Les Aventures de Télémaque, fils d'Ulysse, par M. de Fénelon. [*Paris*]. *De l'imprimerie de Monsieur*, 1785, 2 vol. in-4, papier vélin, mar. vert. à longs grains, dent., dos orné, dent. int., tr. dor. (*Rel. anc.*).

Exemplaire contenant le frontistice : Les Aventures de Télémaque, fils d'Ulysse gravées d'après les dessins de Charles Monnet... par J.-B. Tilliard. *Paris, chez l'auteur*, 1773, et la suite des 72 figures et des 24 planches, avec le texte des sommaires des chants, gravés et ornés de culs-de-lampe.

On a joint à cet exemplaire la suite des figures de *Moitte*, gravées au lavis et le prospectus de l'ouvrage.

281. FÉNELON. Les Aventures de Télémaque [*Paris*]. *De l'imprimerie de Monsieur*, 1785, 2 tomes en 4 vol. in-4, mar. rouge à longs grains, dentelle, dos orné, dent. int., doublés et gardes de moire bleue, tr. dor. (*Rel. anc.*).

Exemplaire imprimé sur PEAU DE VÉLIN, auquel on a ajouté la suite des 25 figures de *Moitte*, gravées au lavis.

282. FÉNELON. Les Aventures de Télémaque, fils d'Ulysse. Nouvelle édition, ornée de gravures. *Paris, Bleuet* (*impr. de P. Didot l'aîné*), 1796, 4 vol. in-18, mar. gren. à longs grains, fil., comp. doré et à froid, dos orné, dent. int., tr. dor. (*Simier*).

Portrait de Fénelon d'après *Vivien*, gravé par *Gaucher* et 24 figures de *Quéverdo*, gravées par *Dambrun, Delignon, de Launay, Gaucher* et *Villerey*.

Charmant exemplaire auquel on a ajouté la suite du portrait par *Delvaux* et des 24 figures de *Lefebvre* en épreuves AVANT LA LETTRE.

283. FLORIAN. Œuvres. *Paris, Ant. Aug. Renouard*, 1820, 19 parties en 8 vol. in-12, mar. orange à longs grains, comp. de fil., angles et dent. à petits fers, dos orné, dent. int., tr. dor.

Nouvelles. Fables. — Gonzalve de Cordoue, ou Grenade reconquise, 2 part. en 1 vol. — Don Quichotte, 4 part. en 2 vol. — Numa Pompilius. Galatée. Estelle. — Mélanges et nouveaux mélanges de poésie et de littérature. Lettres à M. de Boissy d'Anglas, 3 part. en 1 vol. — Théâtre, 2 tom. en 1 vol. — La jeunesse de Florian, ou mémoires d'un jeune espagnol, ouvrage posthume. Guillaume Tell, ou la Suisse libre. Eliezer et Nephthali, poème, 3 part. en 1 vol.

Exemplaire imprimé sur PAPIER BLEU, contenant :

1° La suite des 80 figures de *Moreau* et *Desenne* gravées par *C. Johannot, Coupé, Roger, Girardet, Adam, Ribault, Bosq, Leroux*, etc., en 3 états (quelques-unes sont en 5 états, avec et sans encadrement) : EAU-FORTE et AVANT lettre sur CHINE, AVANT lettre sur papier bleu.

2° Pour les *Fables*, la suite des 18 figures, édition Debure, en épreuves AVANT la lettre sur CHINE collé.

On y a joint : Œuvres inédites de Florian (Théâtre. — Romans. — Mélanges.) *Paris, A. Boulland et Cie*, 1824, 4 tomes en 2 vol., papier vélin blanc, portrait, même reliure que les autres volumes.

284. FLORIAN. Œuvres. *Paris, Ant. Aug. Renouard*, 1820, 19 parties en 16 vol. in-12, mar. bleu, fil., dos orné, dent. int., tête dor., non rognés (*Allô*).

Nouvelles. — Fables. — Gonzalve de Cordoue, 2 vol. — Don Quichotte, 4 vol. — Numa Pompilius. — Galatée. — Estelle. — Mélanges et nouveaux mélanges de poésie et de littérature et Lettres de Florian à M. de Boissy d'Anglas, 3 part. en 1 vol. — Théâtre, 2 vol. — La Jeunesse de Florian. — Guillaume Tell. — Eliezier et Nephthali.

Charmant exemplaire, NON ROGNÉ, contenant la suite des 80 figures de *Moreau* et *Desenne* en épreuves AVANT la lettre.

285. GALANTERIES (Les) des rois de France (par Vanel). *Cologne, Pierre Marteau, s. d.*, 3 vol. pet. in-12, figures, veau fauve, fil., dos orné, dent. int., non rog. (*E. Niédrée*).

1 front., 3 titres gravés et 5 figures par *B. Picart*.

Sur le titre cachet de la bibliothèque du prince Jérôme Napoléon.

286. GESSNER (Salomon). Œuvres de Gesner. *Paris, Dufart, s. d.*, 2 vol. gr. in-8, mar. rouge, dent., comp. de filets en losange, dos orné, dent. int., tr. dor. (*Rel. anc.*).

2 titres frontispices par *Marillier*, gravés par *Ponce*, 1 portrait gravé par

Delvaux et 25 figures de *Monnet*, gravées par *Duprêel*, *Giraud*, *Letellier* et *Macret*.

Bel exemplaire contenant les figures AVANT LA LETTRE.

287. GESSNER (Salomon). Œuvres, nouvelle édition, ornée de figures. *A Paris, chez Fr. Dufart, an V*, 1797, 4 vol. in-18, figures non signées, veau fauve, pet. dent., dos orné, dent. int., tr. dor. (*Rel. anc.*).

Exemplaire imprimé sur PAPIER VÉLIN.

288. GESSNER (Salomon). Œuvres. *Paris, Renouard, an VII*, 1799, 4 vol. in-8, figures, dos et coins de veau fauve, dos orné, tête dor.

3 portraits et 48 figures par *Moreau*, gravés par *Baquoy*, *Dambrun*, *Delvaux*, *Dupréel*, etc.

289. GESSNER (Salomon). Œuvres. *Paris, Renouard, an VII*, 1799, 4 vol, in-8, figures, veau fauve, fil., petite dent. à froid sur les plats, milieux ornés à froid, dos orné, dent. int., tr. marb. (*Vogel*).

Bel exemplaire imprimé sur PAPIER VÉLIN. Ouvrage illustré de 3 portraits et de 48 figures par *Moreau* gravés par *Baquoy*, *Dambrun*, *Delvaux*, *Dupréel*, etc., etc.

290. GOETHE. Hermann et Dorothée, en IX chants ; poème allemand, traduit par Bitaubé. *Paris, Treuttel et Wurtz*, an IX, 1800, in-18, mar. rouge à longs grains, encad. de 3 fil., angles ornés, dos orné, fil. int., tr. dor. (*Gaudreau*).

Exemplaire imprimé sur PAPIER VÉLIN, contenant la figure de *Castel*, gravée par *Huot*, en épreuve AVANT la lettre.

Gaudreau avait été relieur de la reine Marie-Antoinette.

291. GRAFFIGNY (Mme de). Lettres d'une Péruvienne, trad. du français en italien par M. Deodati. *Paris, imp. de Migneret*, 1797, gr. in-8, figures, veau rac., pet. dent. sur les plats, dos orné, dent. int., tr. dor. (*Rel. anc.*).

Bel exemplaire en GRAND PAPIER VÉLIN contenant la suite du portrait et des 6 jolies figures de *Le Barbier* en deux états : EAUX-FORTES et épreuves AVANT la lettre.

292. GRAVELOT et COCHIN. Iconologie par figures, ou traité complet des allégories, emblèmes, etc. Ouvrage utile aux artistes, amateurs, et pouvant servir à l'éducation des jeunes personnes, par MM. Gravelot et Cochin. *Paris, Lattré, s. d.*, 4 vol. in-8, frontispice contenant le portrait de Cochin par Monnet, gravé par Gaucher, portrait de Gravelot gravé par le même, 3 titres gravés par Choffard, de Ghendt, Legrand et 204 planches, mar. rouge, fil., dos orné, dent. int., tr. dor. (*Belz-Niedrée*).

Bel exemplaire imprimé sur GRAND PAPIER.

293. GRAVURES HISTORIQUES des principaux événements depuis l'ouverture des États-Généraux de 1789. *Paris, Janinet*, 1789-90, gr. in-8, demi-rel. chag. violet.

Exemplaire imprimé sur GRAND PAPIER d'une publication rare. Cet exemplaire contient 52 figures gravées au lavis et leur texte donnant le récit des principaux événements survenus du 5 mai 1789 jusqu'au 23 novembre 1790.

Le titre manque ; une figure *Supplice d'un espion de la police* s'y trouve deux fois ; 9 sont courtes de marges et le texte de l'événement du 22 juillet 1789, est sur papier ordinaire.

On y a ajouté : *Historique de la grande journée du 14 juillet* 1789, avec une grande planche pliée : *Prise de la Bastille par les Gardes françaises et les bourgeois de Paris*.

294. GRAVURES HISTORIQUES des principaux événemens depuis l'ouverture des États-Généraux de 1789. *Paris, Janinet et Cussac*, 1789, 2 vol. in-8, figures, dos et coins veau jaspé (*Rel. anc.*).

Cet exemplaire renferme les événements du 5 mai 1789 au 14 juillet 1790 et 36 figures. A la fin du 2e vol. sous le titre *Code National* se trouvent réunis quelques décrets de l'Assemblée nationale. Ce « Code » commence à la page 97 et se termine à la page 144.

Le deuxième vol. n'a pas de titre.

295. GRÉCOURT. Œuvres complètes de Grécourt, enrichies de gravures. Nouvelle édition, soigneusement corrigée et augmentée d'un grand nombre de pièces qui n'avaient jamais été imprimées. *Paris, Chaigneau, an V* (1796), 4 vol. in-8, figures, mar. rouge, fil., dos orné, dent. int., tr. dor. (*Brany*).

Bel exemplaire imprimé sur PAPIER VÉLIN contenant la suite du portrait par *Duprécl* et des figures par *Fragonard fils* en épreuves AVANT la lettre.

Exemplaire des bibliothèques H. Grésy et Jules Janin, contenant deux des figures à l'état d'EAU-FORTE et une figure d'*Eisen* ajoutée à *Philotanus*.

296. HOGARTH. Original Works. *London*, 1784, gr. in-fol., demi-rel., veau, non rog.

Recueil de 90 pièces diverses des œuvres de ce célèbre artiste parmi lesquelles se trouvent les séries complètes suivantes : Harlot's Progress, 6 pl. — Rake's Progress, 8 pl. — Marriage A la Mode, 6 pl. — Times of the Day, 4 pl. — Before and After, 2 pl. — Apprentices, or the Effects of Idleness and Industry, 12 pl. — Various Character of Heads, 4 pl. — Beer street and Gine Lane, 2 pl. — Stage of Cruelty, 4 pl.

Portrait d'Hogarth daté de 1764 et titre général imprimé.

297. HOLBEIN (Jean). Œuvre de Jean Holbein, ou recueil de gravures, accompagnées d'explications historiques et critiques et de la vie de ce fameux peintre, par Chrétien de Mechel. *Basle, chez l'auteur*, 1780, gr. in-4, mar. noir, dent. int., tr. dor. (*Champs*).

14 planches contenant 50 sujets.

Bel exemplaire.

298. HORATIUS. Quinti Horatii Flacci opera. *Londini, æneis tabulis incidit Iohannes Pine*, 1733-1737, 2 vol. in-8, mar. rouge, dent., dos orné, dent. int., tr. dor. (*Rel. anc.*).

Ouvrage entièrement gravé contenant 2 fleurons, 2 frontispices et 225 grandes figures, vignettes et culs-de-lampe et 27 en têtes plus ou moins ornés.

299. HORTENSE (La Reine). Romances mises en musique par S. M. L. R. H. *S. l., n. d.*, in-4, oblong, figures, mar. rouge à longs grains, fil. et larg. dent. sur les plats, angles ornés d'une lyre, tr. dor. (*Rel. anc.*).

Livre illustré d'un très joli portrait de la Reine Hortense, gravé en couleurs par *Monsaldi* d'après *Isabey*, et de 12 figures gravées au lavis.

Exemplaire au chiffre de la REINE HORTENSE.

300. HORTENSE (La Reine). Douze romances mises en musique et dédiées au Prince Eugène par sa sœur. *S. l., n. d.* (vers 1825), in-4 oblong, titre lithog., mar. rouge à longs grains, fil. et large dent. sur les plats, angles ornés d'une lyre, tr. dor. (*Rel. de l'époque*).

12 lithographies hors texte par *Franque, Lepaule*, etc.

Exemplaire au chiffre de la REINE HORTENSE, contenant sur le feuillet de garde un ENVOI AUTOGRAPHE DE LA REINE A MADAME RÉCAMIER.

301. ILLUSTRATED (an) RECORD of important events in the annals of Europe, during the last four years; comprising a series of views of the principal places, battles, etc., etc., etc., connected with those events. Together with a history of those momentous transactions, compiled from official and other authentic documents. *London, T. Bensley, printed for R. Bowyer*, 1816, in-fol., demi rel. mar. rouge à longs grains, dos orné d'aigles et d'abeilles, non rogné.

2 planches de portraits-médaillons, 16 planches hors texte, en couleurs, contenant 18 sujets, 1 plan de Waterloo, 1 carte, fac-similé d'autographe.

Bel exemplaire.

302. IMBERT. Œuvres. *Amsterdam (Paris, Delalain)*, 1773-1776, ensemble, 5 vol. in-8, veau, fil., dos orné, dent. int., tr. dor. (*Rel. anc.*).

Les Egaremens de l'amour, ou lettres de Fénéli et de Milfort, 1776, 2 vol., 2 figures (au lieu de 4), par Moreau. — Le Jugement de Pâris, poème en IV chants, suivi d'œuvres mêlées, 1774, titre gravé par Moreau, 4 figures par Moreau, grav. par Née, Duclos, etc. et 4 vignettes par Choffard. — Historiettes et nouvelles en vers, 1774, 1 titre dessiné et gravé par Moreau, 1 figure et 4 vignettes par Moreau, gravées par Masquelier et Née. — Fables nouvelles, dédiées à Madame la Dauphine, 1773, frontispice par Moreau, gravée par Née.

Reliure uniforme.

303. LA FONTAINE. Les Amours de Psyché et de Cupidon, avec le poème d'Adonis. Édition ornée de figures par Moreau le jeune, et gravées sous sa direction. *Paris, de l'Imprimerie de Didot le Jeune*, an III (1795), in-4, papier vélin, dos et coins chag. brun, tête dor., non rog.

Exemplaire contenant la suite du portrait d'après *Rigault* et des 8 figures de *Moreau*, tirés sur papier bleu, la deuxième figure est accompagnée de l'avant-lettre sur blanc.

On a ajouté à cet exemplaire :

1° La suite complète des 32 figures gravées d'après *Raphaël*.

2° La suite complète des 5 figures de *Gérard*, en deux ou trois états.

3° Deux figures de *Moreau*, gravées par *Balq* et *Villiers*, avant lettre.

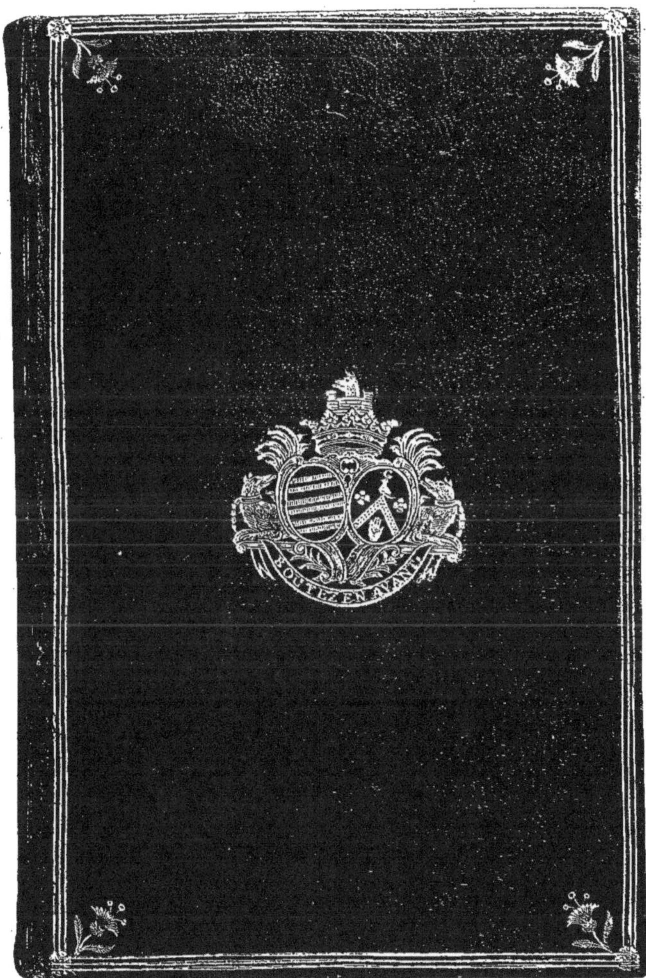

N° 306. — CONTES DE LA FONTAINE.

Exemplaire de Madame Du Barry.

 N° 307. — Contes de La Fontaine.

4° Trois figures d'après *Girodet*, avant la lettre.

5° *La Toilette de Vénus*, sur Chine, d'après *Dubufe*, et 21 figures d'après *Le Titien*, *Carache*, *Cochin*, *Boucher*, *Dubufe*, etc.

304. LA FONTAINE. Les Amours de Psyché et de Cupidon, suivies d'Adonis, poëme. Édition ornée de gravures d'après les desseins de Gérard, peintre. *Paris, P. Didot l'aîné*, an V, 1797, in-4, papier vélin, dos et coins mar. rouge, fil., dos orné, tête dor., non rogné.

5 figures de *Gérard*, gravées par *Blot*, *Marais*, *Mathieu*, *Nicollet* et *Alex. Tardieu*.

305. LA FONTAINE. Les Amours de Psyché et de Cupidon, avec le poème d'Adonis. Édition ornée de figures dessinées par Moreau le jeune et gravées sous sa direction. *Paris, Saugrain et Didot*, an V, 1797, 2 vol. pet. in-12, mar. rouge, milieu orné à petits fers, dos orné, dent. int., tr. dor. (*Gaillard*).

Portrait d'après *Rigaud* et 8 figures de *Moreau*, gravées par *Delvaux*.

Exemplaire imprimé sur PAPIER VÉLIN contenant le portrait en 2 états dont une épreuve coloriée et les figures en 3 états, AVANT et avec la *lettre*, et une suite coloriée, remontée sur bristol avec encadrements à la Glomy.

306. **LA FONTAINE.** Contes et nouvelles en vers par M. de La Fontaine. *Amsterdam* (*Paris, Barbou*), 1762, 2 vol. in-8, mar. rouge, fil. et fleurons, dos orné, tr. dor. (*Rel. anc.*).

Édition publiée aux frais des Fermiers généraux ; elle est ornée de figures d'*Eisen* et de culs-de-lampe de *Choffard*. Les figures pour le *Cas de Conscience* et le *Diable de Papefiguière* sont découvertes.

PRÉCIEUX EXEMPLAIRE, aux armes de MADAME DU BARRY ; il provient de la bibliothèque de M. E. Quentin Bauchart.

En tête du premier volume, on a ajouté un billet autographe signé de Madame Du Barry, autorisation de payer 1 000 livres à Gilbert, marchand de toiles à Versailles.

307. **LA FONTAINE.** Contes et nouvelles en vers, par M. de La Fontaine. *Amsterdam* (*Paris, Barbou*), 1762, 2 vol. in-8, mar. rouge, larges encadrements dorés, dos orné de lyres et de colombes, doublés de tabis vert, tr. dor. (*Rel. anc.*).

Édition publiée aux frais des Fermiers généraux, elle est ornée de figures d'*Eisen* et de culs-de-lampe de *Choffard*.

Très bel exemplaire dans la reliure dite de présent, exécutée par Derome et décorée de fers dessinés par Gravelot. Il contient une épreuve refusée pour *La Clochette*, la figure du *Diable de Papefiguière* en deux états : *couverte* et *découverte* et la figure du conte *Autre Imitation d'Anacréon* est avant la flèche.

De la bibliothèque du Bon Léopold Double.

308. LA FONTAINE. Contes et nouvelles en vers. *Paris, Imprimerie de P. Didot l'aîné,* an III, 2 vol. gr. in-4, papier vélin, mar. rouge, fil., ornem. aux angles, chiffre mosaïqué sur les plats, dos orné, dent. int., gardes de moire verte, tête dor., non rognés (*Allô*).

Vignettes sur les titres par *Choffard*, et 20 figures de *Fragonard* et *Touzé*, gravées par *Patas, Simonet, Tilliard, Trière*, etc. (3 de ces figures sont avant les numéros : 2e fig. de *Joconde, Fiancée du roi de Garbe* et *Baiser rendu*.)

On a ajouté les portraits de La Fontaine par *Rigaud* (tirage moderne) et de Fragonard gravé par *Le Carpentier*, en 2 états : noir et bistre.

309. **LA FONTAINE.** Fables choisies mises en vers. *Paris, Desaint et Saillant,* 1755-1759, 4 vol. gr. in-fol., front. et 275 figures d'Oudry, mar. rouge, fil., encadrement, dent. à petits fers, tr. dor. (*Rel. anc.*).

SUPERBE EXEMPLAIRE de PREMIER TIRAGE, imprimé sur PAPIER DE HOLLANDE. Reliure très fraîche.

De la bibliothèque de M. E. Quentin-Bauchart.

310. LA FONTAINE. Fables. Imprimé par ordre du Roi pour l'éducation de Mgr. le Dauphin. *Paris, Imp. de Didot l'Aîné,* 1787, 2 vol. in-18, mar. vert, fil., dos orné, dent. int., tr. dor. (*Gaillard*).

Exemplaire dans lequel on a ajouté un frontispice et 77 figures dessinées par *Vivier*, gravées par *Simon* et *Coiny*.

311. LA FONTAINE. Fables, avec figures (dessinées par Vivier), gravées par MM. Simon et Coiny. *Paris, Imprimerie de Didot l'aîné,* 1787, 6 vol. in-18, front. et 275 fig. mar. bleu foncé à grains longs, dent., dos orné, tr. dor. (*Rel. anc.*).

Joli exemplaire imprimé sur PAPIER VÉLIN, contenant les figures en épreuves AVANT LES NUMÉROS, sauf pour le tome second dont les figures sont avec les numéros.

312. LA HARPE. Tangu et Félime, poëme en IV chants par M. de La Harpe, de l'Académie française. *Paris, Pissot*, 1780, pet. in-8, titre gravé et 4 figures par Marillier, gravées par Dambrun, de Ghendt, Halbou et Ponce, mar. rouge, fil., dos orné, dent. int., tr. dor. (*Cuzin*).

Bel exemplaire relié sur brochure.

313. LA MOTTE. Fables nouvelles, dédiées au Roy, par M. de La Motte, de l'Académie française. Avec un discours sur la Fable. *Paris, Grégoire Dupuis*, 1716, in-4, mar. rouge, dent. à petits fers, dos orné, dent. int., tr. dor. (*Rel. anc.*).

Frontispice par *Coypel*, gravé par *Tardieu* et 100 vignettes à mi-page par *Coypel, Gillot, Edelinck, B. Picart* et *Rane*, gravées par *Cochin, Gillot, Edelinck, B. Picart, Simoneau* et *Tardieu*.

Très bel exemplaire imprimé sur GRAND PAPIER.

314. LARREY (De). Histoire d'Eleonore de Guyenne, duchesse d'Aquitaine contenant ce qui s'est passé de plus mémorable sous les règnes de Louis VII, dit le jeune, roi de France, d'Henri II et de Richard son fils, surnommé Cœur-de-Lion, rois d'Angleterre. Édition augmentée d'un supplément, de sommaires, de notes et d'observations par M*** (Monvel). *Londres et Paris, Cussac*, 1788, in-8, figures, maroquin bleu à longs grains, fil. et dent. sur les plats, fleurons, dos orné, dent. int., tr. dor. (*Bozérian*).

Bel exemplaire imprimé sur PAPIER VÉLIN contenant les 3 figures de *Borel*, dont une en 2 états : avec la lettre et EAU-FORTE PURE, une en 3 états : AVANT et avec la lettre, et EAU-FORTE PURE.

On y a ajouté le portrait de Monvel, gravé par *Massard* d'après *Deveria*, en épreuve sur Chine avant la lettre.

Exemplaire provenant des bibliothèques Pixérécourt et Emm. Martin.

315. LEGRAND D'AUSSY. Fabliaux, ou contes, fables et romans du XIIe et du XIIIe siècle, traduits ou extraits par Legrand d'Aussy. *Paris, Renouard*, 1829, 5 vol. gr. in-8, papier vélin, dos et coins veau fauve, non rog. (*Rel. de l'époque*).

Exemplaire contenant les 18 figures de *Moreau* et de *Desenne* en deux états : AVANT la lettre sur Chine et avec la lettre sur blanc.

316. **LE PRINCE** (J.B.). Œuvre de J. B. Le Prince sur les mœurs,

les coutumes et les habillemens de différents peuples. Gravé en partie à l'eau-forte et le reste par le procédé qu'il a inventé pour produire l'effet des desseins lavés. Dédié à M. Poissonnier. *S. l. n. d.* (*Paris*, vers 1775), in-fol. mar. rouge, large dent. à petits fers, dos orné, dent. int., tr. dor. (*Rel. anc.*).

Très beau et très intéressant recueil contenant 124 planches gravées à l'eau-forte et au lavis par *Le Prince*, tirées sur 52 feuilles.

Ces estampes, se rapportant en grande partie aux mœurs, costumes et usages des Russes, Polonais, Tartares, etc., forment diverses suites avec titres distincts : *Divers ajustements et usages de Russie.* — *Divers habillemens des prêtres de Russie.* — *Les Strelits, ancienne et seule milice de Russie.* — *Habillemens des femmes de Moscovie.* — *Vue des environs de Saint-Pétersbourg.* — *Cris de divers marchands de St-Pétersbourg.* — *Habillemens des peuples du Nord*, etc.

Superbe exemplaire de dédicace, dans une riche reliure avec larges dentelles, aux armes de Poissonnier, conseiller d'état.

On y a ajouté 9 planches in-8 et in-4 : *les Cinq sens, les Pleureuses, les Tragiques, la Catastrophe, le Guet.*

317. LETTRES d'HÉLOÏSE et d'ABEILARD. Édition ornée de huit figures gravées par les meilleurs artistes de Paris, d'après les dessins et sous la direction de Moreau le jeune. *Paris, J. B. Fournier, de l'imprimerie de Didot le jeune an IV* (1796), 3 vol. in-4, papier vélin, 8 figures par Moreau, gravées par Dambrun, Delvaux, Halbou, Langlois jeune, Lemire, etc., demi-rel. veau br., non coupés.

Exemplaire contenant les figures avant la lettre. On y a ajouté les 8 figures en épreuves avec la lettre.

318. LEVAYER DE BOUTIGNY. Tarsis et Zélie. Nouvelle édition. *Paris, Musier*, 1774, 3 vol. gr. in-8, figures, dos et coins chag. bleu, dos orné, tête dor., non rog.

3 front. par *Cochin, Moreau* et *Eisen*, gravés par *Gaucher, Ponce* et *Née*; 3 fleurons sur le titre, gravés par *Née* et 20 vignettes par *Eisen* gravées par *Helman, de Longueil, Massard*, etc.

319. LIGNY (Le P. de). Histoire de la vie de Jésus-Christ. Édition ornée de gravures d'après les tableaux des plus grands maîtres, sous la direction de L. Petit. *Paris, Crapelet*, 1804, 2 tomes en

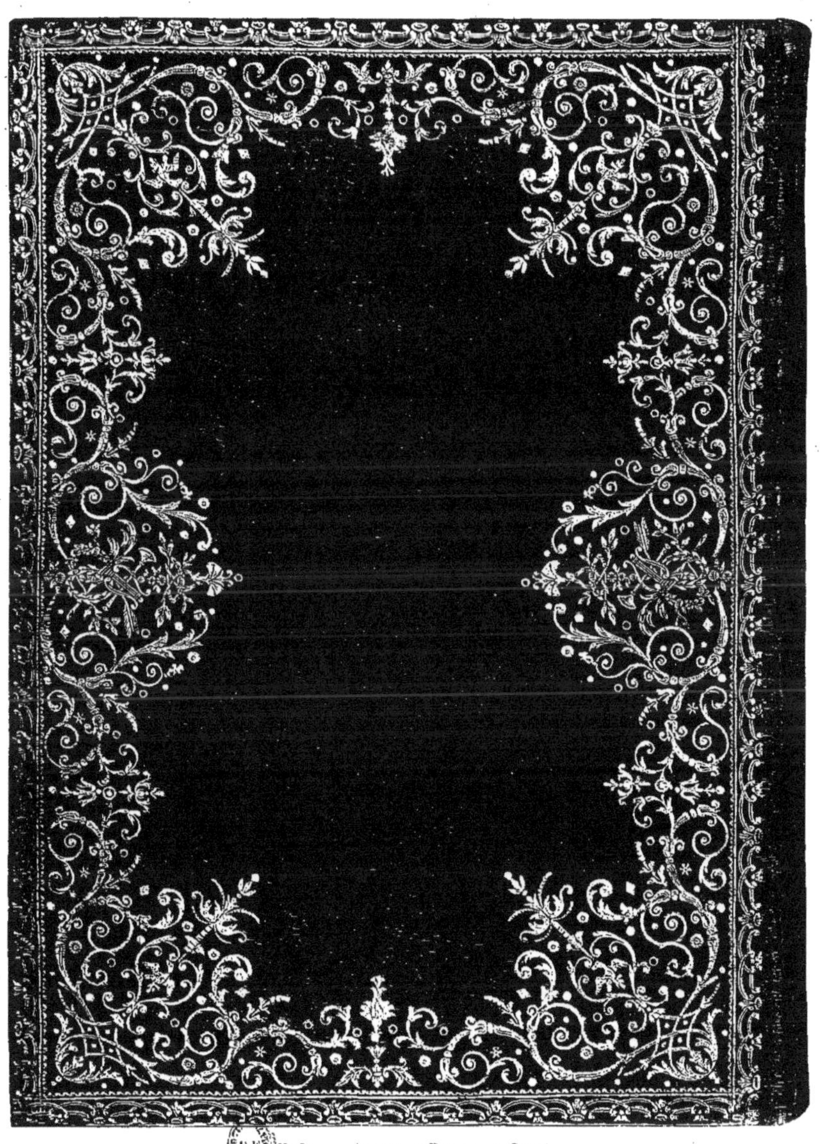

 N° 321. — Amours de Daphnis et Chloé.

3 vol. in-4, figures, pet. dent. sur les plats, dos orné, tr. dor. (*Rel. de l'époque*).

75 figures gravées par *Delvaux, Duhamel, Dambrun*, etc., etc.

320. LONGUS. Les Amours pastorales de Daphnis et Chloé (traduites du grec par Amyot). Avec figures. *S. l.* (*Paris, Quillau*), 1718, pet. in-8, mar. rouge, fil. à froid, dos orné d'un chiffre couronné, dent. int., tr. dor. (*Bauzonnet-Trautz*).

Frontispice par *Coypel*, 28 figures par *Philippe d'Orléans* (le Régent) gravés par *B. Audran*. On y a ajouté la figure dite des *Petits Pieds*.

321. LONGUS. Les Amours pastorales de Daphnis et Chloé. *S. l.* (*Paris*), 1745, pet. in-4, figures du Régent et figure des petits pieds, mar. rouge, fil., très larges dent. à petits fers, dos orné, dent. int., doublé de tabis bleu, tr. dor. (*Rel. anc.*).

Charmant exemplaire imprimé sur GRAND PAPIER recouvert d'une très jolie reliure de Derome avec larges dentelles à petits fers, parmi lesquels le fer dit à l'*oiseau* et de petits trophées champêtres. Cette reliure est d'une parfaite conservation.

322. LUCRÈCE. De la Nature des choses, traduction nouvelle (et texte en regard) avec des notes, par M. L. G. (Lagrange). *Paris, Bleuet*, 1768, 2 vol. gr. in-8, mar. rouge, fil. et fleurons, dos orné, dent. int., tr. dor. (*Rel. anc.*).

Frontispice et 6 figures par *Gravelot* gravés par *Binet*.

Très bel exemplaire, imprimé sur PAPIER DE HOLLANDE auquel on a ajouté le frontispice et les 5 figures non signés de l'édition de 1795, en épreuves AVANT la lettre.

323. MABLY. Entretiens de Phocion, sur le rapport de la morale avec la politique traduits du grec de Nicoclès (par Mably). Édition à laquelle on a joint la vie de Phocion par Plutarque, traduction d'Amyot. *Paris, imprimerie de Didot le jeune*, an III, gr. in-4, 2 figures par Moreau gravées par Giraud, Dambrun et Dupréel, papier vélin, mar. rouge à longs grains, dent. à la grecque, dos orné, dent. int., tr. dor. (*Lefebvre*).

Très bel exemplaire imprimé sur GRAND PAPIER contenant les figures en deux états : EAU-FORTE PURE et AVANT la lettre et les 2 DESSINS ORIGINAUX à la sépia de MOREAU.

324. MABLY (abbé de). Entretiens de Phocion. Même édition, in-4, papier vélin, dos et coins mar. gren., fil., dos orné, tête dor., non rogné (*Champs*).

2 figures de *Moreau*.

325. MALFILÂTRE. Narcisse dans l'île de Vénus, poème. *S. l., n. d. (Paris, Imp. de Perronneau)*, in-18, cartonn. non rog.

Exemplaire contenant la suite des 6 figures de *Chasselat* en deux états : EAUX-FORTES PURES et épreuves avant lettre.

326. MARGUERITE, de Navarre. Les Nouvelles de Marguerite, reine de Navarre. *Berne, chez la nouvelle Société typographique*, 1780-1781, 3 vol. in-8, figures, mar. orange, fil., fleurs de lis aux angles, dos orné, dent. int., tr. dor. (*Hardy*).

Édition illustrée de 3 front. par *Dunker*, gravés par *Eichler*, 73 figures par *Freudenberg*, gravées par *Halbou, Henriquez, de Longueil, etc.*, 72 vignettes et 72 culs-de-lampe par *Dunker*.
Petit cachet sur les faux-titres.

327. MARMONTEL. Chefs-d'œuvre dramatiques, ou recueil des meilleures pièces du théâtre français, tragique, comique et lyrique, avec des discours préliminaires sur les trois genres et des remarques sur la langue et le goût par M. Marmontel. Dédié à Madame la Dauphine. *Paris, Grangé*, 1773, in-4, 3 figures, 15 vignettes et 10 culs-de-lampe par Eisen, gravés par N. de Launay jeune, Helman, Masquelier, Née et Ponce, mar. rouge, très large dent. à petits fers, dos orné à petits fers, dent. int., doublé de tabis bleu, tr. dor. (*Rel. anc.*).

Très bel exemplaire aux armes du comte de MAUREPAS.
L'illustration de ce premier volume, le seul publié, est fort jolie.

328. MILTON. Le Paradis perdu, poème héroïque, trad. de l'anglois, avec les remarques de M. Addison. *Paris, Cailleau*, 1729, 2 vol. in-12, veau fauve, dos orné, tr. rouges (*Rel. anc.*).

Exemplaire aux armes de Louis COLBERT, marquis de LINIÈRES, maréchal de camp, avec son chiffre sur le dos des volumes.

329. MOLIÈRE. Œuvres. Nouvelle édition, augmentée de la vie de l'auteur et des remarques historiques et critiques, par M. de

— N° 397. — Marmontel. Chefs-d'œuvre dramatiques.

Voltaire. Avec de très belles figures en taille-douce. *Amsterdam et Leipzig, Arkstée et Merkus,* 1765, 6 vol. pet. in-12, mar. rouge, fil., dos orné, dent. int., tr. dor., non rognés.

Portrait et 32 figures par *Punt* d'après *Boucher*.
Joli exemplaire relié sur brochure.

330. MONNET. Portrait de Fénelon, en buste dans un médaillon entouré de nombreux ornements, in-8.

Beau dessin original au trait de plume et à l'encre de Chine.

331. MONTESQUIEU. Le Temple de Gnide. Nouvelle édition, avec figures gravées par M. Le Mire, d'après les dessins de Ch. Eisen. Le texte gravé par Drouët. *Paris, Le Mire,* 1772, gr. in-8, figures, veau marb., fil., dos orné, tr. dor. (*Rel. anc.*).

Titre gravé, frontispice avec portrait de Montesquieu en médaillon, vignette en tête de la dédicace et 9 figures d'*Eisen*, gravées par *Le Mire*.

332. MONTESQUIEU. Le Temple de Gnide. *Paris, imp. de Didot jeune, an III*, in-18, papier vélin, mar. rouge à longs grains, dent., dos orné, dent. int., tr. dor.

Titre avec le portrait de Montesquieu par *St Aubin* et 10 figures de *Regnault*, gravées par *Bertaux, Baquoy, de Ghendt, Halbou*, etc.
L'exemplaire ne contient pas *Arsace et Isménie*.

333. MONTESQUIEU. Le Temple de Gnide, suivi d'Arsace et Isménie. *Paris, imp. de P. Didot l'aîné, an IV*, pet. in-12, portrait de Montesquieu par St Aubin et 12 figures par Regnault et Lebarbier, mar. gren., fil. et dent. XVIIIe siècle à petits fers, dos orné, dent. int., tr. dor. (*Champs*).

Exemplaire imprimé sur GRAND PAPIER VÉLIN, contenant le portrait et les figures en 2 états : AVANT et avec la lettre.
On y a ajouté 2 portraits de Montesquieu dont l'un par *Prévost*, avant la lettre, et l'autre non signé, avant la lettre également, et 5 figures dont 4 par *Desenne*, gravées par *Leroux, Johannot, Müller*, etc., toutes avant la lettre.

334. MONTESQUIEU. Le Temple de Gnide, suivi des romans de l'auteur. *Paris, Bailly,* 1797, in-8, 3 figures de Clavareau, mar. rouge, fil., dos orné, dent. int., tr. dor. (*Rel. anc.*).

Exemplaire dans lequel on a intercalé la suite des 12 figures de *Regnault* et *Leborbier* pour l'édition Didot, 1795, plus un portrait de Montesquieu dessiné et gravé d'après la médaille de *Dassier*.

Remboîtage.

335. MOREL DE VINDÉ. Primerose, par M...le de V...dé. *Paris, P. Didot l'aîné*, 1797, in-18, frontispice et 5 figures par Lefebvre, gravées par Godefroy, mar. rouge à longs grains, fil. à froid, fil. sur le dos, doublé et gardes de tabis bleu, dent., tr. dor. (*Bozérian*).

Exemplaire imprimé sur GRAND PAPIER VÉLIN, contenant les figures AVANT LA LETTRE.

336. MOREL DE VINDÉ. Zélomir. *Paris, Didot*, 1801, in-18, mar. vert, fil., milieu orné à petits fers, dos orné, dent. int., tr. dor. (*Allô*).

Frontispice et 5 figures par *Lefèvre*, gravés par *Godefroy*.

Exemplaire contenant les figures en 2 états : AVANT et avec la lettre.

337. MORLIÈRE (de la). Angola, histoire indienne, ouvrage sans vraisemblance. Nouvelle édition, revue et corrigée. *A Agra, avec privilège du grand Mogol* (*Paris*), 1751, 2 part. en 1 vol, pet. in-12, figures, mar. rouge, fil. et large dent XVIIIe siècle à petits fers, dos orné, doublé de mar. citron, fil., dent. et fleurons, tr. dor. (*Cuzin*).

Fleurons sur les titres, 2 vignettes en-tête par *Eisen*, gravées par *Maisonneuve* et 5 figures par *Eisen*, gravées par *Tardieu*, *Aveline* et *Maisonneuve*.

C'est la meilleure des deux éditions, sous cette date.

338. ORIGINE DES PUCES (L'). *A Londres* (*Paris*), 1761, in-18 de 36 pag., veau fauve, fil., dos orné, non rogné.

Fleuron sur le titre et vignette en-tête de la première page, non signés.

Petit opuscule, entièrement gravé, attribué à Piron et à Moncrif.

339. OVIDE. Les Métamorphoses d'Ovide, en latin et en français, de la traduction de M. l'abbé Banier, de l'Académie royale des Inscriptions et Belles-Lettres, avec des explications historiques. *Paris, Delormel*, 1767-1771, 4 vol. in-4, figures par Boucher, Eisen, Gravelot, Leprince, Monnet, etc., veau racine, petite dent., dos orné, tr. dor. (*Rel. anc.*).

PREMIER TIRAGE.

340. PORTRAIT de feu Monseigneur le Dauphin (par J.-A.-J. Cérutti et P.-F. de Quélen, marquis de Saint-Mégrin, depuis duc de la Vauguyon). *Paris, chez Lottin l'aîné,* 1766, in-8, mar. gren., fil., dos orné, dent. int., tête dor., non rogné (*Pierson*).

Titre dessiné par *Cochin* et gravé par *Miger*, 2 portraits-vignettes gravés par *Lempereur* et 1 cul-de-lampe dessiné et gravé par *Cochin*.

Exemplaire NON ROGNÉ, imprimé sur GRAND PAPIER.

341. PORTRAITS des hommes illustres tant du siècle présent que de plusieurs siècles passés. *Leide, Corneille Haak,* 1757, in-fol., mar. rouge, fil., dos orné, tr. dor. (*Rel. anc.*).

Frontispices, titre et 94 portraits gravés par *Al. Pool.*

342. PRÉVOST (abbé). Histoire de Manon Lescaut et du chevalier des Grieux, par l'abbé Prévost. *A Paris, de l'Imprimerie de P. Didot l'aîné,* 1797, 2 vol. in-18, veau fauve, filet doré, tr. dor. (*Rel. anc.*).

Un des 100 exemplaires imprimés sur GRAND PAPIER VÉLIN, contenant la suite des 8 figures de *Lefèvre* en épreuves AVANT LA LETTRE.

Mouillures au tome second.

343. PROMENADE AU PRATER à Vienne. Recueil d'un titre et de 24 lithographies coloriées, in-fol. oblong, dans un carton.

Curieuse collection représentant les équipages des principaux personnages viennois du commencement du XIXe siècle. Les 24 planches sont montées sur bristol avec légendes manuscrites en allemand. Le titre, en français, est en lettres ornées, dessinées à la sépia.

344. RECUEIL de 136 dessins en 1 vol. gr. in-8, mar. grenat. fil., et large dent., dos orné, dent. int., tr. dor. (*Allô*).

Recueil de dessins originaux à l'encre de Chine ou à la sépia, non signés, mais exécutés par un artiste allemand. Ils représentent les principaux épisodes de la vie du Christ et des Saints, les quatre Évangélistes, la Cène, les Cérémonies de la Messe, le martyre de sainte Blandine, différents épisodes de la vie de saint François d'Assise, etc., etc.

Chaque dessin, soigneusement monté sur papier bleu, est encadré d'un filet rouge et mesure en moyenne 0m,141 sur 0m,95.

345. REPRÉSENTATION des fêtes données par la ville de Stras-

bourg pour la convalescence du Roi ; à l'arrivée et pendant le séjour de Sa Majesté en cette ville. Inventé, dessiné et dirigé par J. M. Weiss. *S. l., n. d. (Paris, 1745)*, gr. in-fol., mar. rouge, fil., et dent., armes de Strasbourg aux angles, dos orné, dent. int., tr. dor. (*Rel. anc.*).

Texte entièrement gravé entouré d'un bel encadrement, 1 vignette, 1 cul-de-lampe, 1 portrait équestre de Louis XV gravé de *Le Parmentier* et 11 grandes planches de *Weiss*, gravées par *Le Bas*.

Aux armes de Louis XV.

L'exemplaire a été remis dans la reliure.

346. ROUSSEAU (Jean-Baptiste). Œuvres. Nouvelle édition, revue, corrigée et augmentée sur les manuscrits de l'auteur (par l'abbé Séguy). *A Bruxelles (Paris, Didot)*, 1743, 3 vol. gr. in-4, portrait par J. Aved, gravé par G. F. Schmidt, vignettes et culs-de-lampe de Cochin, mar. rouge, fil., dos orné, tr. dor. (*Rel. anc.*).

Exemplaire imprimé sur PAPIER DE HOLLANDE.

347. ROUSSEAU (J.-J.). Pygmalion, scène lyrique de M. J.-J. Rousseau, mise en vers par M. Berquin. Le texte gravé par Drouët. *Paris*, 1775, in-8, cartonn. vélin à rec. (*Rel. mod.*).

Titre gravé et 6 vignettes par *Moreau*, gravés par *Delaunay* et *Ponce*.

348. ROUSSEAU (J.-J.). Émile, ou de l'Éducation, par J.-J. Rousseau, citoyen de Genève. *Londres (Paris, Cazin)*, 4 vol. in-18, tirés pet. in-8, mar. rouge, encad. de 4 fil., chiffre sur les plats, dos orné, dent. int., tête dor., non rognés (*Tinot*).

9 figures de *Moreau*, gravées par *Delvaux*.

Exemplaire imprimé sur GRAND PAPIER.

Les pages 247-250 du tome 3 sont tachées et raccommodées.

349. RUBENS. La Gallerie du palais du Luxembourg peinte par Rubens, dessinée par les Srs Nattier, et gravée par les plus illustres graveurs du temps. *Se vend à Paris, chez le Sr Duchange*, 1710, gr. in-fol., veau marb. (*Rel. anc.*).

Portrait de Rubens d'après *Van Dyck*, gravé par *Audran*, et 24 planches (dont 3 doubles), gravées par *Audran, Duchange, Loir, Massé*, etc.

Exemplaire de Mariette.

350. SACRE DE LOUIS XV (Le), roy de France et de Navarre, dans l'Église de Reims, le dimanche xxv octobre 1722. (*Paris*, 1723), gr. in-fol., veau marb., fil., et dent., chiffre de Louis XV aux angles, dos orné, dent. int., tr. dor.

Texte entièrement gravé, entouré d'un bel encadrement, grandes vignettes, 9 grandes planches doubles et 30 planches de costumes, par *Audran, Beauvais, Cochin père*, etc.

Exemplaire aux armes de Louis XV.

351. SAINT-AUBIN (Augustin de). C'est ici les différens jeux des petits polissons de Paris. *Se Vend à Paris, chez l'auteur, s. d.*, in-4 oblong, br.

Suite complète de six pièces dessinées et gravées par *A. de Saint-Aubin.*

352. SAINT-NON. Voyage pittoresque, ou description des royaumes de Naples et de Sicile. *Paris (Clousier)*, 1781-1786, 4 tom. en 5 vol. in-fol., figures, vignettes et cartes dessinées par Auvray, Choffard, Cochin, Desmoulin, Duplessi-Berteaux, Fragonard, Saint-Non, etc., gravées par Aliamet, Choffard, Dambrun, Queverdo, de Longueil, Fessard, etc., veau écaille, fil., dos orné, dent. int., tr. dor. (*Rel. anc.*).

Sans la planche des *Phallus* et les planches de médailles de Sicile.

353. SAINTE BIBLE (La) contenant l'ancien et le nouveau Testament, trad. en françois sur la Vulgate, par M. Le Maistre de Saci. Nouvelle édition, ornée de 300 figures gravées d'après les dessins de M. Marillier. *Paris, Defer de Maisonneuve*, 1784, an XII (1804), 12 vol. in-8, basane marb., pet. dent., dos orné, tr. jasp. (*Rel. anc.*).

354. SEDAINE. Le Jardinier et son Seigneur, opéra comique en un acte, en prose, mêlé de morceaux de musique, etc. *Paris, Claude Hérissant*, 1761, in-8, figures, mar. olive, fil., dos orné, dent. int., tr. dor. (*Reymann*).

Bel exemplaire contenant la suite des 6 figures de *Duclos* et *Patas*, gravées par *Dupin fils, Patas* et *Martinet.*

355. TASSE. Jérusalem délivrée, poème du Tasse. Nouvelle tra-

duction. *Paris, Musier,* 1774, 2 vol. in-8, figures, veau racine, fil. et pet. dent., dos orné, dent. int., tr. dor. (*Rel. anc.*).

2 titres avec fleurons gravés par *Drouet*, 2 front. avec port. en médaillon du Tasse par *Gravelot*, 20 figures, 23 culs-de-lampe et 20 vignettes de portraits, par *Gravelot*, gravés par *Duclos, Simonet*, etc.

Exemplaire auquel on a ajouté le tirage à part de 6 culs-de-lampe par *Gravelot* de l'édition italienne publiée en 1771.

356. TRESSAN (de). Histoire du petit Jehan de Saintré et de la dame des Belles-Cousines, extraite de la vieille chronique de ce nom par M. de Tressan. Édition ornée de figures en taille-douce dessinées par M. Moreau le jeune. *Paris, imp. de Didot jeune,* 1791, in-18, mar. vert à longs grains, comp. de fil. droits et courbes, dos orné, dent. int., gardes de tabis rose, tr. dor. (*Rel. anc.*).

4 figures par *Moreau*, gravées par *Dambrun, Halbou* et *de Longueil*.

Exemplaire imprimé sur PAPIER VÉLIN, contenant les figures AVANT LA LETTRE.

357. VADÉ. Œuvres poissardes de J.-J. Vadé, suivies de celles de l'Écluse. *Paris, Defer de Maisonneuve, de l'imprimerie de Didot le jeune,* 1796, in-4, papier vélin, mar. rouge, dent., dos orné, dent. int., tr. dor. (*Rel. anc.*).

4 figures par *Monsiau*, gravées par *Clément* et imprimées en couleurs.

358. VOLTAIRE. Romans et Contes. *A Bouillon, aux dépens de la Société typographique,* 1778, 3 vol. in-8, mar. vert à longs grains, dos orné et semé de points dorés, fil. int., tr. dor.

Fleuron sur les titres, portrait de Voltaire, gravé par *Cathelin* d'après *La Tour*, 13 vignettes par *Monnet*, gravées par *Deny*, 57 figures par *Marillier, Martini, Monnet* et *Moreau*, gravées par *Baquoy, Deny, Dambrun, Patas*, etc.

359. **BÉRAIN** (J.). Ornemens inuentez par J. Bérain. Et se vendent chez Monsieur Thuret, *s. d.*, in-fol., veau marb. (*Rel. anc.*).

Bel exemplaire de ce recueil contenant en tout 131 planches, dont voici le détail :

Titre.

1 PLANCHE : panneau.

1 PLANCHE : chaises à porteurs.

2 PLANCHES contenant 4 torchères.

1 PLANCHE : consoles de mur et personnages dansant.

5 PLANCHES : arabesques, dont 1 chaise à porteurs.

5 PLANCHES de panneaux, torchères et détail de corniches.

20 PLANCHES de panneaux et arabesques.

5 PLANCHES de meubles, pièces d'orfèvrerie, vases, arabesques, etc.

10 PLANCHES de cartels, flambeaux, armes, vases, panneaux, etc.

5 PLANCHES de serrurerie, grilles, balcons, frises, chapiteaux.

10 PLANCHES de parterres et jardins.

20 PLANCHES contenant 40 cheminées : *Desseins de cheminées dediez à Monsieur Jules Hardouin Mansard, conseiller du roy en tous ses conseils... inventez par son très humble serviteur Bérain.*

5 PLANCHES (numérotées 1-5) contenant 59 chapiteaux.

10 PLANCHES de plafonds et arabesques.

2 PLANCHES : Collation de Chantilly.

1 PLANCHE : Boutique de modiste.

2 PLANCHES contenant 4 sujets : *le grand visir*, personnages dansant, etc.

4 PLANCHES : grands panneaux décoratifs.

20 PLANCHES : Mausolées et pompes funèbres.

1 PLANCHE de navires.

Il est rare de trouver ce recueil aussi complet.

360. DENEUFFORGE. Recueil élémentaire d'architecture contenant plusieurs études des ordres d'architecture d'après l'opinion des anciens et le sentiment des modernes. Différents entrecolonnements propres à l'ordonnance des façades. Divers exemples de décorations extérieures et intérieures, à l'usage des monuments sacrés, publics et particuliers. Composé par le sieur de Neufforge, architecte. — Supplément au recueil élémentaire d'architecture... composé par le sieur de Neufforge. *Paris, chez l'auteur*, 1757, 10 tomes en 6 vol. in-fol., dem. rel. veau marb. (*Rel. anc.*).

Bel exemplaire bien complet, contenant 914 planches dessinées et gravées par Deneufforge.

361. FÉLIBIEN (J. F.). Description de l'Eglise royale des Invalides. *A Paris*, 1706, in-fol. mar. rouge, fil., dos orné, avec le chiffre de Louis XIV, tr. dor. (*Rel. anc.*).

Frontispice, vignettes, culs-de-lampe et encadrements gravés.

Les armes royales ont été ajoutées sur les plats sur une pièce de mar. rouge moderne.

362. GIARDINI (Giovanni). Promptuarium artis argentariae ex quo centum exquisito studio inventis, delineatis, ac in aere incisis tabulis propositis, elegantissimae, ac innumerae educi possunt novissimae ideae ad cujuscumque generis vasa argentea, ac aurea invenienda, ac conficienda. Opus non modo artis tyronibus, verum etiam provectis magistris sane perutile invenit ac delineavit Joannes Giardini. *Romae*, 1750, 2 parties en 1 vol., veau marb. (*Rel. anc.*).

100 planches y compris les titres et la dédicace. Elles représentent des pièces d'orfèvrerie religieuse : calices, ostensoirs, candélabres, encensoirs, etc. Elles ont été gravées à Rome par *M. J. Limpach* d'après les dessins de *Giardini*.

363. **MEISSONNIER.** Œuvre de Juste Aurelle Meissonnier, peintre, sculpteur, architecte et dessinateur de la Chambre et Cabinet du Roy. Première partie exécutée sous la conduite de l'auteur. *A Paris, chez Huquier, s. d.* (vers 1730), gr. in-fol., planches montées sur onglets, cartonn. vélin blanc à recouv. (*Rel. mod.*).

Portrait de l'auteur, titre orné et 72 planches.

Exemplaire NON ROGNÉ et bien complet, conforme à la description de Guilmard. Le titre est AVANT LA LETTRE.

Très beau recueil recherché et devenu très rare.

364. PLAN DE PARIS, commencé l'année 1734. Dessiné et gravé sous les ordres de Messire Michel Etienne Turgot, achevé de graver en 1739. Levé et dessiné par Louis Bretez, gravé par Claude Lucas, et écrit par Aubin. *Paris*, 1740, in-fol., 21 feuilles, veau, marb. fil. et dent., fleur de lis aux angles, tr. dor. (*Rel. anc.*).

Aux armes de la VILLE DE PARIS.

365. RECUEIL de 24 aquarelles représentant des vases chinois, en porcelaine et en cloisonné, en 1 vol. in-fol., mar. citron, comp. de fil. et large dent. à petits fers, dos orné, dent. int., tr. dor. (*Serre*).

Jolis dessins à l'aquarelle exécutés sur papier de Chine.

On lit sur le dos du volume : *24 vases chinois envoyés par les Missions à M. Bertin.*

ORDRE DES VACATIONS

PREMIÈRE VACATION. — *Lundi 3 Février* 1908.

Belles-lettres.	N°s 141 à 168
Belles-lettres.	117 à 140
Histoire.	169 à 215
Livres illustrés (XVIe et XVIIe siècles).	216 à 234
Recueils d'ornements.	360 à 362
—	364 et 365
— (Berain et Meissonnier).	359 et 363

DEUXIÈME VACATION. — *Mardi 4 Février* 1908.

Théologie.	N°s 13 à 34
Sciences et arts..	35 à 51
Chasse.	52 à 88
Belles-lettres.	89 à 116
Théologie.	1 à 12 (moins le n° 6).
— (Heures in-4°).	6

TROISIÈME VACATION. — *Mercredi 5 Février* 1908.

Livres illustrés du XVIIIe siècle.	N°s 235 à 268 (moins le n° 239).
— (*Baisers* et *Fables* de Dorat).	269 à 271
—	272 à 305
— (*Fables* de La Fontaine, avec figures d'Oudry). . .	308 et 309
—	310 à 358
— Œuvres de Berquin, ornées de 337 dessins originaux.	239
— (*Contes* de La Fontaine, reliure de présent). . .	307
— (*Contes* de La Fontaine, ex. de Madame du Barry). .	306

CHARTRES. — IMPRIMERIE DURAND, RUE FULBERT

En préparation :

CATALOGUE

DE LA

BIBLIOTHÈQUE

DE

FEU M. LE COMTE A*** W***

TROISIÈME PARTIE

Collections et ouvrages relatifs aux Beaux-Arts, Galeries, etc.
La plupart imprimés sur papier de choix et tous bien reliés.

(Vente, à l'Hôtel Drouot, en Mars 1908.)

QUATRIÈME PARTIE

Ouvrages anciens et modernes relatifs à la Champagne.

(Vente, à l'Hôtel Drouot, en Avril 1908.)

Une cinquième et une sixième ventes auront lieu dans le courant de 1908.

www.ingramcontent.com/pod-product-compliance
Lightning Source LLC
LaVergne TN
LVHW010613110826
845149LV00003B/886

* 9 7 8 2 0 1 9 9 3 1 2 0 9 *